Great store salespersons
never say usual phrases

売れる販売員が
絶対言わない
接客の言葉

平山枝美
Emi Hirayama

日本実業出版社

「接客の言葉」をすこし変えるだけで「売れる販売員」に――はじめに

最初の「声がけ」が苦手。

お客様のニーズをうまくつかめない。

商品説明しても反応がイマイチ。

もうひと押しができない――。

こうした悩みを抱える人も、「接客の言葉」をすこし変えるだけで「売れる販売員」になれます。

私自身がこうしたことに悩んでいました。お客様に気に入ったものを買ってもらいたいと思う気持ちは人一倍強かったと思うのですが、お客様の気持ちを考えれば考えるほど、うまく声をかけられずにいました。

あるとき私がうまく声をかけられなかったお客様に、先輩スタッフが声をかけ、うまく接客して、お客様もうれしそうに商品を購入していったのです。

同じショップで同じ商品を扱っているのに、「売れる販売員」である先輩と私の違

いはどこにあるのだろう？　そう疑問に思ってから、売れる販売員が使っている言葉を意識して聞くようにしました。帰りの電車や休憩中など、売れる販売員が使っている言葉をメモしてストックするようにしました。それを自分の接客でも意識して取り入れると、「こう言えば、お客様の反応が違うんだ」と手応えを感じられるようになってきました。それをきっかけに徐々に声をかけるのに躊躇しなくなり、お客様に合った商品もおすすめすることができるようになりました。

なによりうれしかったのは、お客様から「あなたから買いたい」と信頼してもらえるようになり、何度もご来店くださるお客様も増えたことでした。結果、当時勤めていたアパレルショップでもトップの売上をあげることができました。

本書は、当時の私と同じように売り場で悩んでいる人のために書きました。**接客の言葉をすこし変えるだけで、売れる販売員になることができます。**

例えば、

「お安くなっております」

「店頭に出ているだけです」

「最後の一点です」

といった言葉は、よく売り場で口にする言葉だと思います。実は、売れる販売員はこうした言葉をほとんど使いません。

本書では、「普通の販売員がよく言うけれど、売れる販売員がめったに言わない言葉」をNGワードとして紹介し、その理由や考え方とともに、どう言い換えればいいかをOKワードとして紹介しています。売り場ですぐに使いやすいものになるように工夫しました。

私自身は、販売員としてアパレルショップのほか、家具やインテリア、雑貨などでも接客を経験しました。また様々な業種の人に向けてセミナーなどを行なう研修講師としての経験から、なるべく広い業種の人に読んでいただける内容となるように意識して執筆しました。

本書を読んだみなさんが、お客様のニーズに合った商品を提案し、売上をあげ、お客様に快適な買い物生活をお届けする一つのきっかけになれば幸いです。

二〇一五年一月

平山枝美

『売れる販売員が絶対言わない接客の言葉』　もくじ

第1章

最初の「お声がけ」はむずかしくない

第2章

答えづらい質問はしない

第3章

お客様が聞きたくなる商品説明のコツ

第4章 決め手になる言葉でひと押しする

第5章

ずっと大切にしたい接客の基本

ブックデザイン　西垂水敦＋平山みな美（tobufune）
カバーイラスト　高橋由季
DTP　一企画

第1章

最初の「お声がけ」はむずかしくない

01 「いらっしゃいませ、どうぞご覧ください」は耳障り!?

「お店でお客様を待つときは、笑顔で元気に声出しをしてね」

店頭に初めて立つときに、先輩や店長から指示される言葉です。お客様にイキイキとした姿を見せ、「声出し」をして、お客様の入店を誘っています。一方で、大きな声を出しているのに、お客様が店内に入ってこないことに悩んでいる人もいるようです。

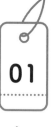

声出しをすると、お客様が逃げる?

私が、ある商業施設の店舗へ異動したときのことです。その店はお客様が少なく、閑散としていました。天候が悪い日には、店の前を歩く人も一時間に一人か二人ぐらい。お客様よりも店員のほうが多いことに、スタッフ同士でため息をつくほどでした。しかし異動先の店舗は新店ということもあり、予算が高く設定されていました。何とかお客様を呼び込み、売上を取らなければなりません。必死に声出しをしながら、とびきりの笑顔で店内を動き回っていたのです。

一生懸命大きな声を出せば、お客様は入ってきてくれるだろうと思い、シーンとした館内で自分の声を必死に響かせました。しかし、店前を通るお客様はちらっとこちらを見るだけです。たまに目が合ったときに、こちらからニコっと笑顔を向けますが、お客様はさっと目をそむけてしまいます。お客様はまるで悪いものを見てしまったという様子で、悲しく思ったものです。

必死さが伝わるとかえってマイナス効果

声を出せば、お客様が入ってきてくれるというわけではありません。 声を出すのは、にぎやかさを演出するためです。しかし、閑散とした館内で、一人のスタッフ、一つのショップからの声だけが響きわたっていたら、静かさをかえって強調し、悪目立ちすることになりかねません。

お客様はそのような空気を敏感に感じ取ります。私の声出しからも「お客様が少なくて大変です。お店に入って買ってください」という必死さが伝わっていたに違いありません。

「『入ったら買わないと気まずそう』って思うお店なんて、入りにくいよね」といまでこそ笑って話せることですが、当時はそれがわかりませんでした。

声出しをすることに意味がないわけではありません。

デパート地下の食品コーナーでは、各店が一斉に呼び込みをかけ、にぎやかでウキウキする雰囲気を演出しています。人が集まるにぎやかな場所を一層活気づけるために声出しはとても有効なのです。アパレルや雑貨の店においても、お客様が増える土日や祝日、クリスマス前のイベント、セール時期などは、お客様に向けて積極的な声出しをしましょう。

「聞いてよかった」と思うような情報を出す

入店しやすい雰囲気をつくるためには、ただ声出しをするだけではなく、内容を工夫することも大切です。

「**いらっしゃいませ、どうぞご覧ください　ませ**」

おなじみの声出しの定番文句の一つです。この言葉は、場合によっては圧迫感を与えます。販売員からの一方的な言葉であり、あまりにも多用されている言葉でもあるため、時には耳障りにすら聞こえてしまうからです。

入店を促すためには、お客様が思わず耳をそばだてて聞きたくなり、お客様が聞いてよかったと思うような内容を声に出すようにしましょう。

例えば、パン屋で聞く「ただいま、焼き立てです」といった声には思わず振り返ってしまいます。「焼き立てのパンが、冷めないうちに早く買おう」という気持ちにさせる言葉で、お客様の入店を誘います。

これを、自店のお得な情報に置き換えて考えてみます。もちろん、些細な情報でもいいでしょう。

「**完売していた○○が再入荷しました**」

「**母の日プレゼント・ラッピングを承っております**」

「**二点以上のお買い上げで一〇％オフです**」

このように具体的な内容を伝えると、お客様に入店を促しやすくなります。セール時期では「いまならフィッティングルームが空いております」「レジに並ばずご案内できます」など、他店の混雑状況を見比べて言葉を選ぶと、お客様を誘導できるでしょう。

ある店で、このような具体的な声出しを実践したところ、お客様が店の前で歩みを緩めるようになり、入店するお客様の数が一・五倍ほどにまで増えました。友達同士で「ねえ、安くなってるんだって」と会話を交わしながら入店することも増えました。**お客様は、一見聞いていないようで、実は販売員の声出しの中身までしっかり聞いているのです。**

効果的な声出しをするためにも、意識したいのは自然な動作です。全身を使って、空気を動かすように商品を整えながら待機の姿勢をとりましょう。「接客をしていると、お客様が入ってくる」といわれるのは、人が自然に動いている環境づくりができているからです。

お客様を呼び寄せるには、ただ大きな声を出すだけではなく、その内容に注意したいものです。いきいきと動きながら、お客様が思わず聞きたくなる声出しをすれば、入店率も上がるでしょう。

声がけの内容を工夫する

NG

「いらっしゃいませ、
どうぞご覧くださいませ」

「お店に入る前から、何を見るの?」と思わず疑問に思うひと言。お客様に興味を持ってもらえません。もうひと工夫して声出しします。

OK

「完売していた○○が入荷してきました」
「ただいま無料ラッピング承っております」

お客様が「おっ」と思わず耳を傾けてしまうひと言です。「興味をひかれて、ついつい入店したくなってしまうこと」を声に出せば、入店するお客様の数が増えますよ。

02

「お買い得になっております」は万能ではない

「そちらは、ただいまお買い得になっております」

声がけの定番フレーズの一つで、セールなどでよく使われます。お客様の共感を誘うために、安さをアピールした言葉です。お客様に喜んでいただけると思いきや、実際にはいい反応が返ってくることはほとんどありません。お客様は買うつもりでセールに来ているはずなのに、どうしてこんなに空回りしてしまうのでしょうか？

セールなのに私だけ売れないのは、なぜ？

私が新入社員のときに初めて経験したサマーセールのときのことです。

「お客様がたくさん来て、本当に忙しくなるよ。だから、しっかりがんばってね」

先輩から激励され、とても緊張していました。前日は眠れず、目の下のクマを必死に隠してから出勤したことをいまでも覚えています。

お客様に、とにかく安いことをアピールしよう。そうすれば、きっと買ってくれるはずだ。そう考えた私は、どのお客様にも「**お買い得になっていますよ**」「**安いですよね**」と話しかけました。いつもよりもたくさんのお客様に声をかけたことで、いつもよりも売上が伸びるはずでした。ところが、夕方まで一向に売れません。売れるどころか、お客様を捕まえることすらできませんでした。売れないことに焦りを募らせながら、その後も数字は伸び悩み、散々な結果に終わりました。

その出来事があってから、セールに苦手意識を持ってしまったのです。他のスタッフは調子よく売っているのに、なぜ私だけ売れないのか？　その答えは友人との何気ない会話に隠れていました。

「安く買う」ことに引け目を感じる人もいる

あるとき、友人の持ち物をほめたところ「でもセール品なんだよ」と返ってきました。「別に、セール品でもいいじゃない」と答えたところで、**安く買うことに引け目を感じる人もいる**ことに気づいたのです。だから、お客様が手に取ったものについて

「安いですよね」「お得ですよね」という言葉を連呼しても、お客様にとって心地よい言葉ではなかったのかもしれません。「私、安いから商品を手に取っているわけじゃないの」と思われてしまうこともあるのです。

「お得感」を「安い」以外の言葉でお客様に伝える

「安いことはたしかに魅力的。でも、そこを強調されすぎるとイヤ」

お客様の心理は実に複雑です。お客様の繊細な気持ちに応えるためには、セール時のアプローチワードを工夫します。

まず、お客様に接するときの基本原則は、セールでも変わりません。明るく、はっきり、落ち着いて声をかけることです。そのうえで、いつもより商品のポイントをわかりやすく伝えればいいでしょう。「**肌触りがいいですよね**」「**きれいな色ですよね**」**というような共感を誘うワードで話しかけます。**

セールでは、それに加え、さりげない安さをアピールしてみましょう。安いから買うわけではないとはいっても、安いことはやはり大きな魅力です。ストレートに表現せずにお得感を伝える言葉を用意しておくと、お客様も喜びます。

例えば「**定番品なので、長く使えます**」「**春物**（**秋物**）**でも似たデザインのものが出ています**」というような言葉です。セール時にお客様が懸念するのは、安いという理由で衝動買いしたものを使わなくなってしまうことです。最初のひと言でその懸念を払拭できれば「この人の話を聞いてみたいな」と感じてもらえます。

「自分の経験談」でお客様の心をグッとつかむ

このような言葉を伝えるために、みなさんにぜひ実践してほしいことがあります。それは、みなさん自身がセール品を買って「得した」体験や「損した」体験を積み重ねることです。その体験は、次のような形で、アプローチワードに活かすことができます。

経験　「四月でも寒くなることがあって、ヒーターを引っ張り出してきたな」
ワード「**コンパクトなので、邪魔になりませんよ**」

経験　「落ち着いた色が、新しく買った春色のパンプスによく合った」

ワード「春のアイテムと相性ばっちりです」

このように、使える期間が限定的だと思えるアイテムでも、買ってよかったと感じるポイントを話せばお客様の心をつかめます。自分の体験だけでは限りがあると感じる人は、家族や友人など、身近な人からの話を参考にしてもいいかもしれません。

実際に「春まで使えますよ」とお客様に声をかけると「そうですか、よかった」というひと言が返ってくることがあります。ムダ遣いすることへの警戒感を払拭でき、購入のハードルをグッと下げられるでしょう。アプローチワードのひと言を工夫するだけで、お客様の気持ちに大きく影響するのですから、ぜひ活用してください。

「お買い得になっております」「安いですよね」というストレートな言葉の代わりに、安さの奥にあるメリットを伝えることが、セール時のアプローチワードとして有効です。お客様の人数が多く忙しいときこそ、お客様の気持ちをつかむひと言を考え、使っていきたいものです。

「お得感」を「安い」以外の言葉で伝える

NG

「お買い得ですよね」
「お安くなっています」

安いのはたしかに魅力的ですが、ストレートに言われると何となく反発したくなるもの。お客様を「安いから、買うんじゃない」という気持ちにさせることもあります。

OK

「〇〇（季節）まで、便利ですよ」
「定番品なので、来年も着れますね」

セールの衝動買いほど危険なものはないと思うお客様は多いもの。「安い＝すぐ使えなくなる不安」を解消するひと言を心がけましょう。安さ以外の「お得感」を伝えれば、購入のハードルを下げられます。

03

お客様から嫌がられない「アプローチ」のタイミング

接客を始めたばかりの販売員にとって、ファーストアプローチは最初にぶつかる難関です。「お客様に嫌がられないか」「どんな反応をされるか」など、いろいろなことを考えているうちに、タイミングをつかめなくなることもあります。まずは、お客様にとって心地よいファーストアプローチのタイミングのコツをつかみたいものです。

ようやく「最初の一声」を出せたのに

私が初めて店頭に立ったのは入社前にインターンをしたときでした。四月からその会社に入社することが決まっていましたが、店頭に立つ前日は、眠れないくらい緊張していたのを覚えています。実は、販売員を希望したくせに私は大の人見知りでした。人との会話も苦手で、何を話したらいいのかもさっぱりわかりません。そのため

「店頭でお客様と会話ができなかったらどうしよう」と不安でいっぱいでした。

店頭に立ったその日、私の不安どおりになりました。初日も、次の日も、お客様に声をかけられなかったのです。お客様を目で追うものの、まったく一歩が踏み出せません。店長から「お客様がこうやって商品を手に取ったら、声をかけるんだよ」と教えてもらい、やっとのことで、お客様に近づくことができました。お客様が入店し、商品を手に取ると「いまだ！」と半ば小走りで近づきます。すると、たいていのお客様はびっくりした様子で、商品を戻してしまうのです。時には、お客様に気づくのが遅く、お客様が商品を置いたタイミングで声をかけることもありました。

そんな調子で、お客様と「かわいいですよね」以外の会話ができたのは、入店して二週間がたったときのことでした。私は泣きそうな気持ちになりながら「今日はちゃんと会話ができるかな」と暗い気持ちで、毎日出勤していました。

「失敗を恐れずに、焦らずに」がコツ

お客様に声をかけるのは、勇気がいります。声をかけるために観察すればするほど、「いつ、声をかけても反応が悪い」→「反応が悪いのが怖くて、考えすぎる」→

「タイミングが悪くてお客様の反応が悪くなる」という負のスパイラルに陥ってしまい、ますます声をかけにくくなるものです。

「商品を手に取ったら声をかける」という言葉の意味は、お客様の興味が高まるときに声をかけ相手と同調しなさいという意味です。決して間違いではありませんが、頭で考えてしまいがちになって、タイミングをつかめなくなってしまうこともあります。お客様が商品を手に取った瞬間を見失うと、「どこで声をかけたらいいの？」とタイミングがますますわからなくなってしまうのです。

この状態から脱出するには、**まずは失敗を恐れず声をかけ、自分なりのタイミングをつかむことが大切**です。

お客様にさり気なくそっと「横」から近づく

ファーストアプローチで、お客様に振り返ってもらうためには、まず立ち位置が大切です。入店したお客様の後ろをついて回ったり、真正面から近づくとお客様をびっくりさせてしまいます。**あらかじめお客様にそっと横から近づいておきましょう。**販売員である自分がいることがそれとなく伝わる場所にいれば、お互いに距離感をつかめます。

お客様の近くで商品を整えていると、お客様の様子を観察しやすくなります。「商品を手に取ったら声をかける」という言葉に焦らなくてすむようになるのです。お客様も販売員が近くにいるから、そのうち声をかけてくるかもしれないという心づもりができます。

商品を手に取ってから「三秒」待ってみる

次の難関は、いざお客様が手に取ったときはどうするかです。

「あっ、手に取った」と思った瞬間にすかさず声をかけると、お客様は商品を棚に戻してしまうことも少なくありません。

そこで、**お客様が商品を手に取ってから、心の中で深呼吸します。深呼吸は大体三〜五秒程度**です。意外と長い間、手に取っていることになりますが、お客様がそれだけ興味を持っているという表われです。

「手に取ってすぐ」ではなく、「**手に取って三秒してから声をかける**」ことを心がけると、お客様の反応も柔らかくなります。

もし、自分が深呼吸している三秒間に商品を戻してしまえば、それほど商品に強い興味がなかったと考えていいでしょう。あるいは、いまは接客しないでほしいというサインかもしれません。無理に話しかけるよりは、次に商品を手に取るタイミングを待ったほうがいいでしょう。

自分なりに試行錯誤していると、いつの間にか大勢の人にファーストアプローチできるようになります。当初は、お客様の反応も冷たく、めげそうになることもあるかもしれません。しかし、自分なりのやり方を見つけさえすれば、お客様が体の向きを変えて話を聞いてくれるようになります。

「お客様が商品を手に取ったら話しかける」と頭で考えると、行動がついてこないこともあります。まずは、お客様に積極的に話しかけ体で覚えることを意識しましょう。それを前提に「お客様が入ってきたら、横から近づく」「お客様が商品を手に取って三秒してから話しかける」といったことを試してみてください。

お客様に嫌がられない声がけのタイミング

NG

手に取ったら即、声がけ
（お客様に小走りで近づいて）

「お客様が商品を手に取ったときに、声をかける」と頭で覚えると、不自然な行動をとってしまいます。これでは、お客様が、落ち着いて商品を見られません。

OK

手に取って深呼吸後に声がけ
（あらかじめそっと近づいて）

あらかじめそっと近づいておけば、お客様も心づもりができます。商品に対しての興味を感じ取ってから声がけします。商品をさっと戻してしまうなら、無理に話しかけなくてもいいでしょう。

04

「よろしければ」はよろしくない!?

接客の第一関門は、ファーストアプローチです。**第一印象が、お客様との会話を盛り上げるか否かを左右します。**そのため、ファーストアプローチが思うようにできず、接客でつまずいてしまう人も多いようです。

前項で紹介した、立ち位置がよくない、タイミングが早いといった理由に加えて、ぜひ考えてほしいのが「アプローチワード」です。

例えば、アパレルのケースでいえばもし、次のような言葉を使っている場合は、アプローチワードの見直しが必要かもしれません。

①よろしければ、お手に取ってご覧になってみてください。
②よろしければ、ご試着できますので。
③よろしければ、お鏡ございますので。

他の業界でも似たような言い回しがあると思います。これらは、接客で最も耳なじみのある定番フレーズですが、お客様は実際どのように感じているのでしょうか？

耳が痛い「お客様の本音」

私は接客未経験の方に向けてのセミナーを行なうときに「接客を受けてみて疑問に思うことは何ですか？」と聞くことにしています。すると参加者からアプローチワードに関する疑問がよくあがります。

例えば「すでに商品を手に取っているのに『お手に取ってご覧ください』といわれる」「『試着できます』といわれるが、試着ができないお店ってあるの」「鏡を見る前に、もう少し商品を確認したい」といったものです。お客様の感想に近いので、接客の参考になるのですが、いつも耳が痛いと感じてしまいます……。

たしかに、このように声をかけると、お客様は「あいまいにうなずく」「無視する」ことが多く、なかには「お店から出る」ということもあります。

このような反応があるのは、一方的に行動を強制するような言葉をかけているからです。

お客様に行動を促す言葉には「よろしければ」という枕詞をつける傾向があります。「お客様が、もしいいと思うならば」という意味合いで、強制的な印象を和らげます。しかし、先ほど紹介した受講生の意見を聞くかぎりでは、残念ながらそれほど効果がないようです。『よろしければ』という言葉でにごさないで。もっと私のことを察して、空気を読んで」といったメッセージがアプローチワードに対する、お客様の反応に表われているのかもしれません。

お客様の「外見」「動き」を観察してアプローチする

では、どのように話しかければいいのでしょうか？　お客様の気持ちに寄り添う声をアプローチワードにすれば、お客様にとって心地よいアプローチになります。**お客様に寄り添うひと言は、お客様の外見、行動を観察することから生まれる**のです。

入店したお客様を、さりげなく観察していると多くの気づきがあります。その気づきに合わせて声をかけると、空気を読んだアプローチワードになるでしょう。

気づき①（スカートを当てながら、足元を見ている。裾丈を気にしているのかな）
ワード①「膝が隠れるくらいの丈ですよ」

気づき②（ソファを押している。座り心地を確認しているのかな）
ワード②「ほどよい硬さですよね」

このように、**お客様の行動に合わせた言葉を選べば、お客様も受け入れやすい**と感じるはずです。これまであいまいにしかうなずかなかったお客様が「へえ～」「そうなんだ」と振り返るケースが増え、会話へつなげることができるでしょう。

「アプローチワード」をメモしておく

アプローチワードには気づきが大切ですが、いざとなると、考えすぎて言葉が出てこないという人もいるかもしれません。

そんな人におすすめなのが「**アプローチワードのストック**」です。

ノートや携帯電話のメモを使って、お客様の行動とそれに対してどんな言葉をかければいいかを記入します。電車の中などで、一日の振り返りとして書いてみましょう。

例えば、色で迷っている人に声をかけられなかった場合は、「どちらもいい色ですよね」といった自分なりのアプローチワードを書きます。次の日に色で迷っているお客様を見つけたら、実際に使ってみましょう。

いきなり気の利いた言葉が浮かぶ人はそうそういません。**日々の積み重ねでとっさのひと言が出てくるようになる**のです。

「よろしければ」という言葉をつければ、なんとなくていねいな印象になるという意識から、お客様の気持ちとはお構いなしの言葉を選んでしまう。これは非常にもったいないことです。お客様の気持ちに合わせて、一人一人にていねいに対応していくことが、みなさんの第一印象をグッと上げるのです。

「よろしければ」をむやみに使わない

NG

「よろしければ、お鏡ございますので」

お客様からすれば、鏡を使うことを強制されていると感じるもの。よろしければという言葉をつければいいというものではありません。

OK

「ひざ丈くらいですよ」
「ほどよい硬さなんです」

お客様が考えていることを想像して言葉を選べば、「へー」と興味を持ってもらえ、すんなり商品説明に入れることも。言葉が出ない人は「よろしければ」を「どうぞ」に言いかえて。

05

ペアのお客様のほうが声がけは簡単！

店には、いろいろなお客様が来店します。会社帰りや待ち合わせ前に一人で立ち寄るお客様もいれば、親子、友達同士、夫婦など複数のお客様もいます。こうしたペアやグループのお客様への声がけを苦手に感じている人も多いようですが、少し工夫すればそれほどむずかしくありません。

ペアのお客様は実は声がけしやすい

私が初めて店長を務めた、ある観光地の商業施設の店舗には、ほとんどのお客様が複数で来店します。以前に勤めていた駅前の百貨店は一人で立ち寄るお客様が多く、異動した当初はどうやって声をかければいいのかわからなくて戸惑いました。異動先では、お客様同士で楽しそうに笑い、相手の言葉にうなずく片手間で商品を手に取っています。そのような様子を見て「会話しているところに割り込んだら申しわけないな」と、遠くから見ているしかありませんでした。

その日も、カップルの来店がありました。長い時間、商品を手に取ったまま二人で話しこんでいます。私はもじもじと様子を見ていましたが、「話しかけようかな」と思った瞬間、二人は商品を置いて店から出てしまいました。「また話しかけられなかったな」とがっかりしていると、隣の店から楽しそうな笑い声が聞こえます。「いつも、隣のお店は楽しそうだな」と、私は隣の店をのぞいてみました。すると先ほど、私が話しかけそこねたカップルが、隣の店の店長と楽しそうに話しています。さっきは二人だけで壁をつくっていたカップルが、他人も交えて盛り上がっている。どうやって、会話に入ったのだろうと、不思議で仕方がありませんでした。

お客様の会話に応えるようにアプローチする

ペアのお客様に対してのファーストアプローチをむずかしく感じる最大の理由は「邪魔だと思われる」というものです。

そのため「気になった会話があっても割り込まない」といった行動をとってしまう

ようです。

しかし実はペア客へのアプローチは、一人のお客様よりも共感ワードを見つけやすく、お客様との壁を取り払いやすいものです。コツをつかんで、積極的に声がけしましょう。

ペアのお客様が入店してきた場合、一・五から二メートルのほどよい距離から話している内容を把握します。商品配置を整えながらお客様の会話に耳をすませていると、アプローチに使えそうな情報が飛び込んでくるでしょう。複数のお客様は、販売員には話しにくい本音を話しながら商品を見ていることが多いため、お客様が考えているニーズを把握しやすいのです。

お客様の言葉から、こんなファーストアプローチをすることができます。

会話　「ねえ、どっちの色がいいと思う？」
アプローチ「どちらもいい色ですよね」

会話　「あ、探してたやつだ」
アプローチ「ありそうでないですよね。ずっとお探しだったんですか」

このように、会話に応えるように言葉を選ぶと「あ、そうなんです」とお客様も反応してくれるでしょう。

「盗み聞き」した感じにならないようにひと言を添える

一方でこうしたアプローチをするときに心がけたいことが二つあります。

一つは、**お客様の背後からではなく横から話しかける**ことです。ペアの接客に抵抗がある人は「邪魔してはいけない」と後ろからそっと声をかける傾向があります。しかし、それでは会話に夢中のお客様は気づいてもらえません。ハッキリとした聞こえやすい声で、横から話しかけましょう。

もう一つは、**声をかけたあとに「すみません、つい聞こえてしまいまして」とひと言添えること**です。お客様の会話を拾っているため、相手からすれば盗み聞きされたと思ってしまいます。「お話しされていたことに、私もついつい共感してしまいました」という気持ちで「お話の途中に、申しわけございません」と添えましょう。びっくりしたお客様も照れ笑いをしながら接客に応じてくれるはずです。

先ほどの例で出てきた、隣の店の話をしましょう。休憩室で一緒になったので、そのときに接客をしていた店長にカップルへの声がけについて聞いてみました。すると、店長は快く一連の流れを話してくれました。

彼女が手に取っているコートを見て、彼が「この間も同じようなコートを買ってたじゃん」と言ったそうです。そこにすかさず「**好きなものは、いくつも欲しくなってしまいますよね**」と、声をかけたそうです。店長が援護したことで、彼女は「そうですよね。わかります？」と意気投合しました。そこから「**いつも、お二人でお買い物するのですか**」など雑談を交え、すっかり仲良くなってしまったそうです。

私は仲が良さそうなカップルにすっかり遠慮をしていました。しかし店長の話を聞いているうちに「店長が会話に参加したことで、カップルの思い出の一部になっている」と感じたのです。それ以来、声がけを躊躇することはなくなりました。

ペアや複数のお客様にはついつい遠慮しがちです。しかし、近くで**お客様の声に耳をすまし、適正な声がけをすることでお客様を喜ばせることができるようになる**でしょう。まずは、お客様同士の会話を気にかけましょう。

ペアのお客様は意外に声をかけやすい

NG
ペアのお客様に声がけしない
（楽しいところ邪魔したくないと考えて）

「楽しいところなのに邪魔しないで」と思われたくない気持ちが先行し、声がけを避けてしまうケースです。いろいろ考えている間に、お客様がいつの間にかいなくなることも。

OK
お客様の会話の内容をオウム返しする

お客様の会話を聞いていると、本音が聞こえます。それらのワードを拾い、ファーストアプローチの言葉に活かしましょう。こちらが思い切って輪に飛び込むことから、接客は始まります。

06

声をかけるお客様を選びすぎない

近年、様々な商業施設の出店が相次ぎ、近いエリアでお客様を取り合っていることも少なくありません。人の流れが変わり、「昔はお客様がたくさんいたのに」とため息をついている人もいるでしょう。たしかにお客様は減少しているかもしれませんが、その状況でも入店客数を増やしている店もあります。そのような店は、どのような取り組みをしているのでしょうか？

入店率を上げた一人の新人スタッフの行動

ある街のレディスアクセサリーを扱う路面店が、入店率が低いことに悩んでいました。店の構造上、間口が狭く、店の前の人通りもまばらです。たまに通行人が、店内をちらっとのぞくものの、店内まで入る気配は感じられません。販売員たちには、半ばあきらめムードが漂っていました。しかし、一人の販売員が異動してきてから状況は一変します。なんと、入店客数がアップし始めたのです。

仕事を始めて間もないスタッフでしたが、**とにかくどのお客様にも積極的に声をかけていました。**店の前をホウキで掃きながら「おはようございます！　お気をつけて」と声をかけることから一日が始まります。店の中からウィンドウを見ている人を見つけたときは「同じ商品が店内にありますよ。せっかくなので、のぞいていきませんか」と店内に誘導します。夏の暑い日にタオルで額を拭っている人には「中は涼しいですよ」、冬の寒い日には「暖かいですよ」と、どんどん声をかけていました。それがターゲットとはほど遠い、六十代のおじさまにも声をかけていたのです。

当初、他の販売員は「買ってくれない人に話しかけても意味がないのに」と馬鹿にした様子でした。実際、商品の購入につながらないことも多かったので、ただの雑談で終わることもあります。しかし、数週間後からじわじわと様子が変わり始めました。

ある日、タオルで汗を拭っているところに声をかけた初老の男性が、後日奥さまと一緒に来店されました。奥さまは「いつもお店の前を通りかかっていたけど、入りづらくて。でも、主人がとてもいい店員さんがいるって言うから、一緒に来てみたの」

と言います。別の日には、店内でお客様と雑談している様子に安心したのか、それがきっかけで他のお客様が入店してきました。そのまた別の日には「ウィンドウの商品がやっぱり気になって。まだありますか」と来店するお客様がいました。

異動してきた新人スタッフがとった行動は、一見無駄なもののように見えましたが、購入目的があるお客様に来店してもらうための種まきとなっていたのです。一日に十人にも満たなかった入店客数が、時には狭い店内にお客様がひしめき合うことがあるほど、来店するお客様の多い店になりました。

入店率は自分次第で上げられる

みなさんは、この話をどう思いますか？「そんな夢みたいな話があるわけない」と思う人もいるでしょう。しかし、ここで私が伝えたいのは「入店率は自分次第で上げることができる」ということです。

入店率を上げるポイントは、売り場のつくり方（商品の配置やディスプレイ）も大きく関係しますが、ここでは接客に絞って話をします。**お客様の入店率が高いお店は、入店しやすい環境づくりに積極的です。**例えば、待機姿勢を見直したり、ＳＮＳやブログを活用したりしています。そして**「来店したお客様一人ひとりに細やかな声がけができているか」を日々問いかけ、実践しているの**です。

一人ひとりに細やかな声がけをすることは、簡単なようで意外とむずかしいものです。もし入店客が少ないと悩んでいるなら、見落としがないかを確認してみましょう。例えば「異性のお客様」「年代が違うお客様」「テイストが明らかに違うお客様」です。このようなお客様は、ついつい、声がけをためらってしまう人たちです。

テイストの違うお客様にもお声がけする

私自身も「なんとなく近づきがたい」「買わないだろうな」と思い、声がけを避けていました。ある日、いつもの来店客とは明らかに違う「ゴシックロリータファッション」のお客様に話しかけられました。「実は、婚約相手の家に挨拶に行きます。でも、こういうテイストはわからなくて」と不安そうです。「それならば」と、頭の先からつま先までトータルコーディネートをしました。そのお客様に話しかけられて初めて、**めずらしいお客様ほど、自分の接客を求めているのかもしれない**と学びました。それ以来、どんなお客様にも必ず声がけをしています。

また、**お客様がいる店には、他のお客様もつられて入りやすい**ものです。

例え「今日は下見」と商品を手に取らないお客様でも、少し世間話をしてみるのがおすすめです。

傘が濡れている場合は「雨、降っていますか」、荷物が大きいときは「荷物が重そうですね、これからお出かけですか」というように話しかけます。別のお客様を呼び入れるための会話にもなるので、商品の提案をしなくてもかまいません。それを見た別のお客様が入店し、販売員が接客し、という積み重ねで、お店はいつの間にかにぎわうのです。もちろん、お客様の時間に制約がないときに限られますが、試してみる価値はあるでしょう。

「他に似たようなお店も商業施設もあるし、入店率が低いのは仕方がないよね」とあきらめていませんか？　冒頭の販売員は、お店の立地としては恵まれているとはいえない条件のなかで、アクションを起こし繁盛店にしました。小さなことからでも大丈夫。入店率を上げ、お店のファンを増やすためにコツコツと実践してみてください。

来店客の多い店はお客様を選ばない

OK

お客様を選ばず、声をかける
（ターゲットの違うお客様にも声をかける）

「この人は買わない」と一方的に決めつけず、一人一人に声をかけることが、入店率アップに欠かせません。例え下見だとしても、世間話をしてお客様との仲を深め、再来店のきっかけをつくりましょう。

NG

お客様を選ぶ
（ターゲットの違うお客様には話しかけない）

見慣れないターゲットのお客様がいると、気がつかないうちにアプローチに躊躇しているものです。そんなことが重なると、意外と多くの人への接客チャンスを逃しているかもしれません。

Column
1 提案をするのは販売員、購入を決めるのはお客様

アパレルやインテリア、雑貨など好きなものに囲まれている職場はキラキラし、楽しそうに見えるものです。

しかし、現実はそんなに甘くありません。特に販売員を悩ませているのが「予算（ノルマ）」でしょう。「接客したら売らなきゃ」「周囲の期待に応えなきゃ」と思ううちに、接客へプレッシャーを感じるようになります。その結果、ノルマのためにお客様に購入させている気分になり、罪悪感を抱く人も少なくありません。

もし、そのような気持ちで売り場に立つようになってしまったのであれば、「販売員の仕事は、必ずしも売ることではない」と考えてみてはいかがでしょうか？

接客に罪悪感がある人は、自分のせいで必要のないものを買わせてしまったと思い込んでいます。しかし、提案をするのは販売員、購入を決めるのはお客様なのです。たいていのお客様は提案商品が気に入らなければ、それとなく断ります。みなさんの手から買っているのは「仕方なく」でも「同情したから」でもありません。

最近では、販売員の意見を聞きたいというお客様も多いでしょう。人から背中を押してもらえないと、購入に踏み切れない人もいます。つまり、プロとして意見を伝え、購入を薦めてくれる販売員を、お客様は待っています。そして、そのような販売員だからこそ「この人から買いたい」と思うのです。

仕事をもっと楽しむために「買わせる」存在から「役立つ存在」へ。結果的にそれが売上へつながります。

第2章

答えづらい質問はしない

07

お客様の外見だけで好みを判断しない

「今日のお洋服に合いますね」

「黒がお好きなようなので、こちらはいかがでしょうか」

こうした言葉を、接客時に何度も耳にします。お客様のニーズにぴったり合った商品を提案するために、お客様が着ている服や持ち物などの外見から好みを探ることはとても大切です。しかし**外見だけで判断していると、思わぬところでお客様のニーズとのミスマッチが起こってしまう**こともあります。

「来店時の服」は「いつもの服」とは限らない

テーマパーク近くに隣接する店舗で接客をしていたときのことです。五色のバリエーションがあるストールを手に取っているお客様がいました。そのお客様は、パステルピンクのかわいらしいニットを着ています。

お客様に「ストールでしたら、こちらにもかわいい色があります」と紹介しました。他にもフリルがついているものや、リボンをあしらったものなど、お客様の好きそうな、かわいい印象のアイテムをいくつも目の前に広げます。

お客様は、いくつか商品を手に取ったものの、微妙な反応でした。そして最後には、もともと手に取っていたベージュの落ち着いた雰囲気があるストールを選びました。それは、おすすめしたものとはまったく違う印象のストールでした。

私は、そのことが気になり「ベージュのストールをお探しでしたか？」と会計のときにたずねてみました。お客様は苦笑いしながら「普段は、黒とかベージュが多いです。このニットをプレゼントしてくれた友人に会うので、たまたま着てきたんですよ」と打ち明けてくれました。予想外の答えにびっくりすると同時に、「もし、落ち着いた色を着ることが多いなら、他におすすめしたいストールがたくさんあったのに」と後悔しました。

■「お客様の好み」を決めつけない

みなさんもお客様にぴったりだと思う商品をいくらおすすめしても、しっくりこない表情をされたことがあるのではないでしょうか。それは、この例のように外見だけで、お客様の好みを決めつけてしまっているからかもしれません。

外見とニーズは必ずしも一致するとは限りません。外見だけでは想像がつかないようなニーズがある例は「年配だけど、パソコンにくわしい」「すっぴんだけど、いつもはメイクばっちり」など、挙げればきりがありません。つまり、**こちらの一方的な判断では、お客様の好みをくみ取りきれない**のです。もちろん、外見からある程度の推測は必要ですが、それに偏らないようにつねに心がけておきたいものです。

■「ふだんも○○ですか？」と聞いて会話を広げる

お客様の好みを伺うキーワードとして「普段は（も）○○ですか」という言葉がおすすめです。大きいバッグで来店したお客様が、商品の小さいバッグを手に取っているときには「普段は小さなバッグをよくお使いですか？」と伺いましょう。スーツ姿のお客様がカジュアルなカットソーを手に取っていたら「普段着はカジュアルですか？」といった具合です。ベッドリネンなどのインテリアを伺う際、「普段は」という言葉に無理がある場合もあるでしょう。その際は手に取ったアイテムから連想し「お部屋は、ナチュラルな印象ですか？」と質問します。

いずれもその商品を手に取っている理由を聞き出すきっかけになります。「旅行で必要ですが、小さいバッグは持っていなくて」「普段着は仕事着と全然違うんです」「いままではナチュラルだったけど、和モダンが気になるんです」といった返答があれば、その先の会話が広がり、お客様に合った商品をすすめられます。

先ほどのエピソードと同じストールを、後日、別のお客様に案内しました。そのお客様は黒いコートに黒いパンツ。一見すると、黒が大好きといった印象でした。

しかし、以前のお客様が「今日はたまたま、ピンクで……」とおっしゃっていたことを思い出したのです。黒が好きだとは限らないかもしれないと感じ、「普段から、黒を身につけることが多いですか？」と質問してみました。

するとお客様は「このコートを着ることが多くて、ボトムもたまたま黒が多いんですよ。できればもう少し、明るく見せたいんです」とおっしゃいます。なるほど、コートを脱ぐと深みのある赤いニットを着ていることから、明るい色もお好きなことがわかりました。そこで、明るいピンクやグリーンも紹介しながら、ストールの色を選びました。

会計時にお客様は、「いつも黒を着ることが多いせいか、黒をすすめられるんです。今日は、いい色を紹介してもらえてよかったです」とうれしそうにしていました。先日の失敗があったぶん、そのお客様に満足してもらえたことが、何倍も嬉しかったことを思い出します。

お客様の外見から好みを推測して提案することは、接客では重要です。しかしながら、こちらがお客様の好みや悩みなどのニーズを勝手に判断するのはよくありません。外見からの判断や推測に偏った場合、お客様に「そういうものが欲しいわけではないのに」「何か誤解されているな」といった不満やストレスを与えてしまうからです。

例えば、「普段も、ベーシックな色が多いですか」というように「普段は（も）○○ですか」というフレーズを使ってニーズをきちんと確認すれば、お客様に最もふさわしい商品をおすすめできます。

お客様の好みを外見だけで判断しない

NG

（外見だけで判断）

「お客様なら、○○がおすすめです」

外見だけで判断すると、お客様の好みとはまったく違うものを押しつけてしまうことも。初めて接客するお客様にこの言葉を使うと「あなたに何がわかるんだ」と反発される場合もあるので慎重に。

OK

「普段は（も）、○○ですか？」

（「普段も、ベーシックな色が多いですか？」など）

「今日はたまたま」を想定し「いつもはどうなのか」を聞くひと言です。思った通りの場合でも確認することで、ていねいさをアピールできます。お客様のニーズと提案のミスマッチを防げます。

08

「どんな人ですか？」という質問は答えにくい

誕生日にクリスマス、送別会などプレゼントを贈る機会は多いものです。最近では、アパレルやカフェなど、雑貨店やデパートに限らずプレゼント向けの小物を扱う店が増えています。みなさんも、ギフトアイテムを探しているお客様を接客する機会がよくあるでしょう。**ギフトアイテムを案内するときには、プレゼント相手の情報をお客様からどれだけ引き出せるか**が重要です。

あいまいな質問はお客様を困惑させる

私が勤務していたアパレルショップでは、マフラーやバッグなどの小物を多く取扱っていました。そのためクリスマス前には、会社のクリスマス会から恋人へのプレゼントまで、幅広くギフトの需要がありました。

ある日、五十代後半の女性のお客様が来店しました。職場の二十代の後輩に何かプレゼントしたいということで、一緒に選ぶことになったのです。プレゼントする相手のイメージを把握するため、よく話を聞いてからすすめようと思いました。

私は「どんな方ですか」「普段はどんな服を着ていますか」と伺います。お客様は「え、どんな方？　えーっと」とか、「着ている服ねぇ。そう言えばどうだったっけ」と考え込みながら、黙ってしまいました。私が質問をするたびに、そんなやりとりが続き、お客様は「なんだか、わからなくなっちゃったから、また出直してくるわね」と言い、購入には至らなかったのです。

「頭の中」を整理する質問をする

ギフトアイテムを提案するうえで必要な質問をしたはずなのに、お客様が困惑したのは、なぜでしょうか？

質問には「相手から事実や情報を引き出す役割」と「相手の頭の中を整理する役割」があります。例えば「柄ものを着ますか」という質問を投げかけたとしましょう。「プレゼント相手がチェックを着ていた↓柄ものを着る」と思い出すことで情報を整理できます。整理することで、相手のイメージ像をハッキリさせ商品を選びやすくする効果があります。

このお客様が混乱したのは、私が答えにくい質問を繰り返したからでしょう。わからない質問に答えようと、頭の中で考え込んでしまい、情報がこんがらがってしまったのです。他人のテイストや、普段から身につけている商品について答えられる人は少ないでしょう。特に年の差があったり性別に違いがあったりする場合はなおさらです。そのようなお客様が来店した場合は、お客様が答えやすい質問を投げかけます。

「○○ですか？　□□ですか？」と聞く二択質問法

お客様が答えやすい質問をするためには、二択で問いかけると効果的です。二つの選択肢からお客様がどちらかを選んで答えるような質問を「クローズドクエスチョン」といいます。

冒頭の例であれば「派手な色と落ち着いた色、どちらが多いですか？」といった質問に変えれば、プレゼント相手のイメージをつかめたでしょう。

他にも「日本酒派ですか、ワイン派ですか？」「文具などにこだわりがあるタイプですか？　あまりありませんか？」などと、趣味嗜好についての選択肢を提示します。

お客様がそれでも答えにくそうにしている場合や、**イメージを絞り込むために、対照的な商品を二つ見せる方法も効果的**です。「こちらとこちらだったら、どちらが好きそうですか？」と投げかければ、お互いが視覚で確認でき、イメージのくい違いを避けられます。

このような二択の質問を練習するなら、友人のギフト選びに一から協力してみるのがおすすめです。店を選びながら「プレゼントする相手は何歳くらいか」「予算はいくらか」といった基本的なことに加え、「一人でプレゼントするのか？　それともグループでするのか？（グループ内の意向を反映する必要があるか）」「女優だったら○○タイプ？　それとも○○タイプ？（相手の全体の雰囲気を知る）」といった質問をします。身近な友人とのやりとりを通じ「どんな質問が答えやすいか」「相手のイメージを絞れるような選択肢は何か」を確かめることができます。

私が勤めていたショップには、ギフトを探しているお客様の接客を得意とする後輩がいました。男性のお客様が奥様へのクリスマスプレゼントを買いに来たときも「買い慣れない物は、悩みますよね」と共感しつつ、的確なアドバイスと二択の質問をしていきました。

後輩　「以前プレゼントなさったマフラーは、こちらとこちらだと（マフラーを両手で見せながら）どちらのほうにイメージが近いですか」

お客様「こちらのほうが、イメージに近いかな」

後輩　「そちらがお似合いになるということは、フェミニンな印象の方ですね。でしたら、奥さまにぴったりなおすすめの手袋がございます。例えば……」

後輩は、お客様を戸惑わせることなく、プレゼント相手のイメージをつかみ、スムーズに商品を提案していきました。お客様は大変満足されたようで、それ以来プレゼントを選ぶときには必ず来店するようになったのです。

プレゼントを探しているお客様に、「どんな人ですか」「どんな服を着ていますか」といったアバウトな質問をすることは避けましょう。**お客様が答えやすい質問をすることで、提案する商品が絞りやすくなります**。二択で答えられる「スカート派ですか？　パンツ派ですか？」「ビール派とカクテル派、どちらですか？」といった質問で、お客様の雰囲気を推測しやすくなるでしょう。

曖昧な質問を避けて二択で質問する

NG

「どんな人ですか？」

アバウトすぎる質問をすると、お客様を答えに詰まらせてしまいます。お客様に「私はプレゼント相手のことを何も知らないな」と不安に思わせてしまいかねません。

OK

「派手な色と、落ち着いた色、どちらが好きそうですか」

まずプレゼント相手の印象を共有します。イメージにうまくたどりつくには、具体的な二択の質問をしましょう。商品や雑誌を見せながら、視覚で確認すれば、より安心感があります。

09

「〇〇をお探しですか？」に応えてもらえない理由

お客様のニーズを聞き出して希望の商品を提案することは、お客様の接客満足度を上げるために必要なスキルです。そのため「〇〇をお探しですか？」と声をかける販売員も多いでしょう。

一方で「**〇〇をお探しですか」と伺ってみると、ほとんどのお客様が、迷惑そうにしたり、無視したりします。**お客様に受け入れられにくいのはなぜでしょうか？

「〇〇をお探しですか」という言葉は警戒させてしまう

私がレディスアパレルで販売の仕事をしていたときのことです。お客様がカーディガンを見たりさわったりしながらしばらく回遊していたので、「カーディガンをお探しですか」と声をかけました。お客様はびっくりした様子で「はい」と応えてくれます。

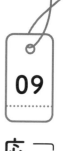

お客様がカーディガンを探しているなら、気に入った物があれば買ってくれるはずだと思った私は、店のありとあらゆるカーディガンをお客様の前に広げました。一つずつ、商品の説明をしましたが、お客様は気まずそうにしています。「もう少し、他のお店も見てみたいので、今日はいいです……」と、立ち去ってしまいました。

「○○をお探しですか」という質問に対して肯定的な返事があると、「何か買ってもらえるかもしれない」と期待が高まります。一方で、**お客様は「『はい』と答えたら買うことになるかも」と考えていることもある**でしょう。みなさんが「見ているだけです」とお客様に突っぱねられてしまうのは、双方にこのような考えの違いがあるからなのです。

また、このような経験をしているお客様も多いことから「○○をお探しですか」と話しかけられると警戒させてしまうこともあるようです。

目的買いのお客様への「声がけのコツ」

しかしながら、お客様をよく観察していると「さっきから、○○ばっかり見ているな。きっと○○を探しているに違いない」と気づくことがあるでしょう。そのようなときには、お客様にどのように声をかければいいでしょうか？

特定の商品を何度もさわったり、コーナーの前でどの商品を手に取るか迷ったりしている場合には、その気持ちにそった言葉をかけます。例えば「**たくさんあって、迷ってしまいますよね**」**など、共感を引き出せるようなアプローチ**がいいでしょう。肯定的な返事があるときは、お客様が内心「そうそう、あなたはわかってくれているわね」と感じてくれているものです。共感していることが伝われば、お客様が感じている販売員への不信感を軽減でき、相談しやすくなります。

時にはお客様から話しかけてもらう

お客様のほうから質問しやすいようにするための声がけは、お客様の安心感につながります。羽毛布団や、家電製品など、機能に差がある商品の場合は、まずは、商品を自分で検討し、わからないときにアドバイスを受けたいと考えていることもあるでしょう。

その場合、**商品を検討しているお客様に「わからないときは、気軽に声をかけてく**

ださい」と笑顔で話しかけます。このひと言で、お客様は、アドバイスをしてくれる販売員が、近くにいることを認識できます。

一度声をかけたら、ほどよい距離でお客様をさりげなく観察しましょう。そして「何だか、迷っている様子だな」「一通り見終えたのかな」といったタイミングでセカンドアプローチをします。「選んでいるうちにわからなくなってきますよね。ご要望に合わせてご説明させてください」と声をかければ、親切な印象を与えられるはずです。

男性がマットレスを見比べていました。まずは一人で見たいという雰囲気がありますが、マットレスの種類の多さにびっくりしている様子も見受けられます。

そこで「マットレスって見た目では違いがわかりにくいですよね。もしわからないことがあれば、いつでもお話させてください」と声をかけ、しばらく様子を見ることにしました。すると、商品を見比べながら再度、悩んでいる様子です。「何かお手伝いできませんか？」と話しかけると、お客様は「やっぱり、自分だけだとわからないね」と言いながらニーズを話し始めました。その後、お客様に違いを伝えながら、要望どおりの商品を提案することができたのです。

購入するマットレスを決めた際、お客様は「どの販売員も『マットレスをお探しですか？』と近づいてくるんだけど、まずは一人で商品を見てみたくて。聞きたいところが何かわかってから話しかけられたから、納得する説明が受けられたよ」と、満足げに話してくれました。それまでのように「マットレスをお探しですか」と声をかけていたら「一人で見るからいいよ」と突っぱねられ、商品説明もできなかったかもしれません。お客様の様子を見て、共感の言葉をかける重要性を感じた一件でした。

お客様のニーズを探るために「○○をお探しですか」と聞いていませんか？ ふらっと立ち寄っただけのお客様にとっては答えにくい質問です。お客様を警戒させてしまうこともある言葉だということを意識し、お客様が共感できるように話し方を変えてみましょう。販売員に対しての警戒感が薄れ、お客様が考えていることを引き出しやすくなります。

お客様の状況を察したひと言

NG

「○○をお探しですか？」

お客様は『はい』と答えたら、買わなければならないのではないか」と考え、身構えてしまう聞き方です。また、まずは一人で選びたいと考えているお客様には、うっとうしく感じられてしまう場合も。

OK

「たくさんあって、悩みますよね」
「いつでも声をかけてください」

お客様の状況を察したひと言。「この人はわかってくれている」と思うと、安心して販売員に相談できます。また、後者は必要なときにアドバイスを受けたいお客様に有効です。

10

意味のない質問を連発しない

お客様に質問をしてニーズを確認することは、いまや接客のスタンダードです。一方的に商品説明をしても売上につながらなくなっているからでしょう。そこで「**質問」をしてニーズを探ることが重要視されています。**しかし、「質問」するということは字のごとく、質が問われることなのです。売上をあげるためにニーズをしっかり確認することは必要ですが、売り場では意味のない質問が問題になっています。

質問の連発はお客様をうんざりさせる

お客様がシャツを手に取っていたときのことです。売上が低迷していた時期だったので、店では「ニーズの確認」が合言葉のようになっていました。私もとにかくお客様に質問しなくてはと考え、頭がいっぱいになりました。シャツをご覧になっていたお客様にも、**質問をあれこれと投げかけました。**

私　「シャツ、お好きですか」
お客様「はい、仕事ではシャツを着ることが多いんです」
私　「そうですか。他にも様々な色がありますが、どんな色がお好きですか」
お客様「シャツだと、白がほとんどです」
私　「そうですか。シャツは何と合わせていますか」
お客様「ええっと、いつも同じ感じになっちゃうんですが……」

このような感じで、やりとりは延々と続きます。**お客様は途中からうんざりした表情**を見せ、「すみません、もうちょっと一人で悩んでいいですか」と切り出されてしまいました。その後、お客様自身でシャツを見比べ、一点のシャツを手にレジへ向かいました。「ニーズの把握は、十分すぎるほどやっているはずなのに」と、私はそれからしばらく、スランプに悩まされることになりました。

ニーズを適切に把握できれば、商品・コーディネートをスムーズに提案できます。

場合によっては、セット販売をすることもできます。この例も一見、ニーズの確認がしっかり行われていました。しかし、提案に至らず拒絶されてしまったのは、なぜでしょうか？

「そうですか」のあとには提案をする

先ほどの接客では、お客様が「仕事に着ていく」と答えたのに対し「そうですか」とだけ返していました。結果、お客様の回答を無視しているように見えます。また、「色」について答えをもらったのに、勝手に「コーディネートの方法」へ切り替わっています。これでは「聞かれたから答えているのに、販売員はスルー。なんのために質問されたの？」とお客様に思われても無理はないでしょう。

どうして、このようなことが起こってしまったのでしょうか？　それは質問することが接客の目的になってしまったからです。この場合、お客様が答えている間にも「次はどんな質問をしたらいいか」を考えて頭がいっぱいになってしまいました。そうなると、お客様の言葉も上の空でしょう。その結果、お客様が話したことに対してリアクションがとれなくなってしまうのです。

お客様の言葉を接客に活かして、満足度を上げるためのポイントは、お客様の言葉をしっかりキャッチし、共感の言葉で返すことです。冒頭の例を挙げ、共感ワードについて考えてみます。

私　「シャツ、お好きですか」
お客様「はい、仕事ではシャツをよく着ます」
私　「**そうですか**。シャツを着ると、**背筋も自然と伸びますよね**。もしくは、ドレスコードが厳しいからシャツを着ているんですか？」
お客様「いえいえ、単純にシャツが好きなんです。でもいつも、同じようなコーディネートになってしまって」
私　「**わかります**。プレーンなシャツって着回しがきくようでいて、**意外とむずかしいですよね**。ちなみに、普段は何と合わせていますか」

この例では「**そうですか**」「**わかります**」といった言葉で、共感していることをお客様に示しています。それに加えて「**背筋が伸びますよね**」「**着回しがむずかしいで**

すよね」といった言葉が＋αの共感ワードに当たり、お客様の言葉をしっかりキャッチしていることが伝わります。お客様が何を話しているかを理解し、興味を示すことでお客様の信頼を得ることができるでしょう。

このように、**お客様に対し「そうですね」＋αでお応えするには、お客様が話している内容をしっかり聞くこと**が求められます。相手の言葉を聞き逃してしまえば、共感ワードを用いて会話をするのは不可能です。「あれもこれも質問しないといけない」と焦る気持ちもわかります。しかし、次にどんな質問をしたらいいかは、お客様の言葉のなかに、ヒントが隠れているのです。お客様の言葉を冷静に聞いていくために経験を重ね、慣れていくことで肩の力も抜けるでしょう。

お客様のニーズを確認するという質問の本来の目的を見失わないようにしましょう。質問することが目的になってしまうと、お客様の信頼を損ないかねません。**お客様の言葉を目を見てしっかりと聞き、それに対して言葉を返すことを意識しましょう。**「接客とは会話」と意識してお客様と接すると、自然にニーズを把握できるようになります。

「そうですか」プラスαで話す

NG

「そうですか。（違う話題）」

お客様がせっかく答えてくれているのに、まったくそれに触れないやりとりです。質問をすることに必死になり、相手からの言葉を聞きそびれていませんか？

OK

「そうなんですね。ということは～（お客様の話題）」

お客様が答えた内容を受けて、共感しています。「そうなんですね」＋αで話すことで、興味があることを伝えられるでしょう。目を見てうなずきながら、お客様の言葉をキャッチしましょう。

11

「お持ちしましょうか？」とは聞かない

お客様の要望に何とか応えたい気持ちから、お客様に対し「他にもあるので持ってきます」と伝えると、「いいです、大丈夫です」と引きとめられたことはありませんか？　お客様に喜んでいただきたい一心で動いているのに、お客様に遠慮されてしまうのはなぜでしょうか？

お客様が販売員に手間をかけさせたくない理由

私が勤めていたアパレルチェーンで、ブランド内でショップ対抗のスキニーパンツの販売コンテストがありました。「このところ売上も悪かったし、せめてコンテストではいいところを見せたいよね」とスタッフ一同やる気まんまんでした。

スキニーパンツにはサイズがS・M・Lと3つ用意されています。フィット感や履き心地が重要なパンツなので、サイズ違いを試し比較してもらう必要がありました。

販売コンテストが始まり、いよいよその商品を売り込んでいきます。たくさんのお客様が試着しているのに、パンツの売上本数が伸びません。実際に履いてみると「思ったより小さかったので」と断られることが多かったのです。

そこで「もう一つ上のサイズを持ってきますね」と陳列場所へ向かおうとします。するとたいていのお客様は「いいです。大丈夫です」とあわてて販売員を引きとめてしまいました。これでは、お客様にぴったりのサイズを試してもらうことはできません。あと一週間で販売コンテストは終わるというのに、パンツの販売本数は伸びないままです。スタッフは徐々に焦りを感じていました。


お客様の要望や体型にそわなかった場合、少しでもお客様の期待に応えたいと提案する商品を探すことになります。しかし「その場所から離れた場所にある」「探すのに手間取っている」といった場合は往々にして、お客様に引きとめられてしまいます。

お客様がこのように引きとめるのは、「手間をかけさせたら、買わないといけない」と考えるからです。「いま、提案されている商品の購入を断るのは、申しわけない。その上に手間をかけさせたら今度こそ断れない」という心境です。とはいえ、お客様がそのような気持ちなら、他の商品を提案しないほうがいいというわけではありません。お客様が気を使わないよう、スムーズに商品を提案すれば、喜んでもらえるはずです。

別商品をあらかじめ用意すれば購入のチャンスが増える

お客様に気を使わせないように**別商品を提案するコツは「お持ちしましょうか」ではなく、「お持ちしていますが、いかがでしょうか」という流れをつくること**です。つまり、お客様が商品を悩んでいる間や、試着室で着替えている間に商品をあらかじめ用意しておくのです。「これから持ってきます」と言えば、お客様は気を使います。商品を手元に用意した場合は「せっかく用意してくれているなら見てみようかな」と心が動くでしょう。

要望と合わなかった場合、提案した商品を見てもらわなければ話は始まりません。少しでも提案商品を見たり、さわったり、試してもらうことで購入のチャンスを増やしていきましょう。

関連アイテムもすぐに提案できるように用意する

冒頭のスキニーパンツの販売コンテストは、残り一週間で新たな展開を見せました。なんと、私の勤めるショップが大きく巻き返し全店で一位になったのです。

「本気で、一位を目指そう」と、スタッフたちで売り込み方法を考えているうちに「違うサイズをすすめようとすると、断られる」ということが問題点としてあがりました。

そこで、あらかじめ商品を用意するため、次のような行動をとることにしました。

一つは「**試着室に行く際『前後のサイズ・お客様が気になっていた別色』を一緒に持っていくこと**」です。お客様が試着する際「一緒に別のサイズも持ってきておいたので、比較して履いてみませんか」と伝えます。すると、試着室から「ちょっと小さいかも」と出てきたお客様に変化がありました。「それも、履いてみてもいいですか」と自ら別のサイズも試着したいと言ってもらえるようになったのです。

もう一つは、**すすめる関連アイテムをお互いに共有し、スピーディに提案できるようにしました**。朝礼などで「お尻が気になるお客様には、少し丈の長いトップスをおすすめしよう」などと共有します。お客様が着替えている間に、その商品をピックアップしておけば、試着室から出たときにすぐ提案できます。「お似合いになると思って、ご用意しておきました」と言いながら、鏡の前で合わせると、「身体のラインが出るからスキニーは苦手だったけど、これと一緒に着たらいいのね」という声が増えます。これにより、相乗効果でトップスもセット販売することができました。

それまでは取りに行こうとすると遮られ、コーディネートするアイテムを選んでいると「もう、着替えていいですか」などと言われていました。しかし、スタッフ全員で「持ってきています」作戦を実行したおかげで、お客様の再度の試着を促すことができたのです。以前は一日に一点も売れない日があったのが嘘のように、その後は一日十本を販売することがあるくらい、売上を伸ばすことができました。

このように「**お持ちしましょうか**」ではなく「**お持ちしましたが、いかがですか**」**と言えるように、一歩先を読んだ接客を意識しましょう**。提案する商品を先回りして考えることで、これまで以上に喜んでもらえるはずです。そのためにはお客様のことをよく考え、試着するときの傾向をつかんでおきましょう。

一歩先を読んで商品を用意する

NG

「お持ちしましょうか」「いま、持ってきます」

お客様が「持ってきてもらったら、買わないといけないかな」と思うひと言。「手間をかけている」という印象を抱かせれば抱かせるほど「どうしよう……断れない」という心理が働くようです。

OK

「お持ちしましたが、いかがですか」

お客様が悩んだり試着している間に、提案商品を用意します。すでに用意してあれば「せっかくなので」と軽い気持ちで見ることができるでしょう。

Column

2 どうすれば顧客が増えますか？

店の売上を確保するうえで、顧客の存在は欠かせません。みなさんも、重要性を身にしみて感じる一方、どうやれば、つくれるものかと思っていませんか？

フリーのお客様と接するのは得意なのに再来店につながらない人は、そのときの売上に固執していないかをチェックしましょう。

①お客様が気に入っている商品をすすめがちである
②無難な商品をすすめがちである
③お客様の意見には必ず「はい」と応える

これらに共通するのは、お客様にとって新鮮味がない提案ということです。

その場の売上をつくるには、このような接客が最も手っ取り早いと言えます。しかし意見のない接客は、その販売員から買う意味をなくしかねません。

顧客が多い販売員は「持論」をしっかり伝えます。「お客様は○○も似合いますが、□□もステキだと思います」というように、自分の意見を口に出すのです。ときには「いまは買わなくていいですよ」と忌憚のない意見も言います。

自分では絶対選ばないけど、買ってみようと思える商品との出会いを通じ、「また、あの人に意見を聞いてみよう」という気持ちになります。これが「顧客化」につながるのです。

「買ってくれそうなもの」をすすめるのではなく、「本気でおすすめしたいものは何か」を考え、伝えていきましょう。お客様に対しての真剣度が伝われば、再来店してもらいやすくなります。

第3章

お客様が聞きたくなる商品説明のコツ

12

お客様を不安にさせる語尾「○○と思います」

「こちらは洗っても伸びないと思います」「買っても損しないと思います」

お客様と話すときによく出る言葉が「○○だと思います」というものです。

語尾を「思います」で締めくくることは、日常の会話でも多いでしょう。しかし、お客様に頼りない印象を与えてしまうこともあります。

語尾には自信が表われる

私がインテリアショップでかけ布団の接客をしたときの失敗談を紹介しましょう。

そのインテリアショップには五種類のかけ布団がありました。ダウンやフェザーの混紡率、原産地など、一見しただけではわからない商品の特徴があります。そのためそれぞれの商品特徴を把握するのが大変でした。見た目の差がはっきりしているそれまで勤務していたアパレルショップとは、やや勝手が違うことに、ずいぶん戸惑ってしまったのです。

お客様から「これとこれの違いって何ですか」と聞かれた際は、「えーっと、これはダウンだから、普通の布団よりも……」などと頭の中をフル回転させて、お客様の質問に応えるのがやっとでした。

ようやく布団の接客にも慣れ、布団の知識を話せるようになりました。しかし、お客様は腑に落ちない表情です。そのため、接客への手ごたえを感じられずにいました。何が原因なのか悩んだ末、私の接客をよく知る後輩にチェックしてもらったのです。その結果、慣れているアパレルの接客とは異なる「何気ないけど、決定的な失敗原因」を指摘してもらうことができました。

指摘されたことは、語尾の歯切れが悪いことです。「そちらは、他の布団よりも軽いと思います」「暖かいと思います」などと、**すべての語尾が「○○と思います」**になっていました。そして、歯切れが悪いことに加え、声も尻すぼみです。これでは、**自信を持って商品をすすめているようにはとうてい見えません。**

「先輩って、アパレルのときは自信満々に言い切っていましたよね。例えば『お客様

に お似合いですよ』『ありそうでなかなかないデザインですよね』とか……。語尾に自信って表われるものですね」と、後輩は驚いた様子でした。私自身も「語尾に隠れるパワー」に気づかされたのです。

「～と思います」と言わずに言い切る

しっかり知識を覚えているのに、なんとなく自信が持てないときの気持ちは、「～と思います」といった語尾とともにお客様に伝わるものです。私の失敗談を裏返してみると、**自信を持ってすすめるには「語尾を濁さず、言い切ること」が大切**であることがわかります。

接客に自信が持てない場面としては、「入荷したばかりで、商品の特徴を理解していない場面」「メリットを見出せない商品を説明する場面」「自分よりお客様のほうが商品にくわしい場面」が考えられます。

そうした場面では、「入荷した商品をいち早く試してみる」「メリットが挙げられるように、考える」「商品のことを研究する」といった取り組みはもちろん大切です。まずは、思い切って商品をすすめてみることを意識してみましょう。

なぜ新入社員が次々に商品を売れるのか？

例えば、入社してきたばかりの新人が、商品を次々に売ってしまうことがあります。**接客技術があるとは言えない彼らがよく売れるのは、自信を持って言い切っているから**です。キラキラとした笑顔で「お客様なら大丈夫ですよ」と言われれば、お客様もその気になるのかもしれません。物おじせず、会話を楽しめるタイプに多い傾向で、怖いもの知らずだからこそできる接客とも言えます。

ただし「言い切る＝売上が取れる」わけではありません。接客にはお客様に合わせた商品知識も必要ですし、お客様からもニーズを引き出さねばなりません。いままで通りの接客が通じなくなるころ、「前は売れていたのに売れなくなってきた」と悩み、スランプに陥るようです。スランプに陥ると、自信がなくなって、語尾の声が小さくなる。そして、売れなくなる。これぞ、負のスパイラルです。もしスランプに陥っていたら、語尾にも注目し、ヒントを見つけてみましょう。

お客様の目を見るとさらに信頼度アップ

ちなみに、**接客の達人は「言い切り型」の語尾と同時に、視線を上手にコントロール**しています。必ずお客様の目を見るのです。日常生活でも、相手に嘘をつくとき、目を見て堂々と言い切れる人はいません。反対に要望を聞いてもらうときは相手の目をしっかり見つめて話します。だからこそ、相手を説得することができるのです。

接客も、同じです。せっかく自信を持って「お客様にお似合いだと思います」と伝えても、目線を合わせなかったり、目が泳いだりしていると、説得力に欠け、「本心じゃないのかな」と不信感を持たれてしまいます。自信を持って言い切るのとともに、視線も味方につけるといいでしょう。

自分が知らない間に、ついつい出てくる「○○と思います」という言葉は、接客に自信がないことの表われです。お客様に自信を持ってお伝えするには、目線を合わせながら、言い切る形で堂々と伝えていきましょう。

語尾で「思います」で濁さない

NG

「そちらがおすすめだと思います」
「暖かいと思います」

せっかく知識や意見を伝えているのに、自信がなさそうに聞こえてしまう語尾。その人を柔らかく見せる半面「頼りなさそう」と思われかねません。

OK

「そちらがおすすめです」
「暖かいです」

言い切ることで説得力がアップ。目を見ながら「そちらがおススメです」といえば信頼感アップ間違いなし。言い切れるように、知識やニーズ把握力をアップして、自信もつけましょう。

13 誤解されやすい定番フレーズに注意

たまたま売れ残った色しか陳列していなかった。一部の色をストックに戻して、店頭に色がそろっていない。こんなときに、お客様に「**他の色もあります**」と伝えることはとても親切な言葉に思えます。しかし、お客様の反応を見ていると、必ずしもそうとはいえないようです。それはなぜでしょうか？

■同じ内容でも言葉づかいで検討か購入かが変わる

友人が買い物に行ったときの話です。

売り場の商品のなかでもひときわ目立つ、蛍光色のニットがあり、友人は一目で気に入りました。手に取って見ていると、販売員が「他の色もございますので」と声をかけてきます。いきなり販売員から他の色を提案されたことで「この人は、このニットの色があまり好きじゃないのかな」と友人は感じたそうです。「この色のよさがわからないなんて」と思った友人は、販売員とは気が合わないと判断し、「検討します」と購入を見送りました。

後日、そのニットがやはり気になった友人は、もう一度同じショップに足を運びました。商品を手に取っていると、先日とは別の販売員がニコニコした表情で近づいてきました。「個性的な色でステキですよね」と話しかけられ、「他の色も、ステキですよ。よかったら一緒にご覧になりますか」と提案がありました。友人は他の色も見たくなって、販売員と一緒に商品を選んで購入したそうです。「自分が気に入った色に共感してくれたように感じた。この人とは気が合うかなと感じ、接客を受けてみようと感じた」と、友人は話してくれました。

どちらの販売員も他の色を提案しています。しかし、友人の受け止め方がまったく違い、購入するまでの経緯に大きな影響を与えていることがわかります。

前者の販売員は「他の色もございますので」という言葉に、後ろめたさが見え隠れしています。おそらく、「この派手な色だけ売り残ってしまった」とか、「もっと他の色はないの？」とお客様から聞かれた経験があったのでしょう。そのため「この色はいらないよね」という先入観が働いてしまい、言葉に表われてしまったようです。

それに対し、後者の販売員の「個性的な色でステキですよね」という言葉を友人は好意的に受け止めました。**商品を肯定的にとらえることで、お客様に対する共感を表現しています。**

「他の色もございますので」という言葉は、お客様に「私には似合わないってことかな」「ステキだと思ったけど、売れ残りなのかな」などといった不安を感じさせてしまいます。**お客様によっては、手に取った商品を否定されることが、自分への否定と感じることもあります。**積極的に肯定的な言葉を使うようにしたほうがいいでしょう。

否定的に聞こえる「決まり文句」にご注意

このように、普段何気なく使っている言葉の他にもネガティブワードがあります。おすすめの肯定ワードとともに、紹介していきましょう。

× 「**おサイズございますので**」

○ 「**いろいろなサイズがあります。いくつか履き比べてみてください**」

アパレルショップで実際によくある不満です。ふくよかな女性が、小さなサイズを手に取った際に「おサイズございますので」と販売員から声をかけられました。ところが「それじゃ入らないだろうと思われた」と不快感を口にされたそうです。販売員に悪気がなくても誤解されやすい言葉の一つです。

このような場合には「いくつか履き比べてみてください。他にお探しのサイズがあれば、そちらもご一緒にどうぞ」と提案します。また、他のブランドよりも「伸びる」「(横幅など)特定部分が大きい（小さい)」といった、製品の特徴を伝えるのもおすすめです。

× 「**こちらは男性用（女性用）です**」

○ 「**ステキなデザインですよね。男性用（女性用）ですが、女性（男性）にもおすすめです**」

アクセサリーやアパレルなど、ユニセックスのブランドでのアプローチ例です。ギフトや頼まれものを購入する際など、あえて普段は購入しないカテゴリを見ることもあるでしょう。

男性が、女性へのプレゼントを選ぶ際、人目を気にしている場面をよく見かけます。その際「そちらは女性用です」と声をかけると、気まずそうに店を出てしまうことが多いようです。「女性用なのはわかっているんだよ。自分はプレゼントを見ているのに、わかってもらえない。この店員さんには相談できないな」と思われても仕方ありません。「ステキなデザインですよね」「ギフトに最適ですよね」といった言葉でまずは肯定しましょう。異性の販売員に相談したいと考えているお客様に、この人なら相談に乗ってもらえるだろうと思ってもらえ、スムーズに接客に入れるでしょう。

これらの否定的に聞こえる決まり文句に共通するのは、なんとなく指示されている気分にさせられることです。「**お客様に自由に見てもらおう**」「**お客様の意思を尊重しよう**」**という気持ちを、まずは肯定型アプローチワードで伝える**ことを意識していきたいものです。

否定的に聞こえる言葉は避ける

NG

「他の色もございます」「他のサイズもございます」

こちらにその気がなくても、誤解を招きやすい言葉があります。他の色やサイズを探していることが明らかなとき以外はお客様の様子をよく見て判断しましょう。

OK

「ステキな色ですよね」「いくつか、履き比べてみてくださいね」

お客様に共感・肯定するひと言を伝えます。その後の反応を見てから、他の色やサイズの提案をしてみましょう。肯定されることで「気が合う」と思っていただけることも増えます。

14

「私も持っています」の正しい伝え方

お客様に使用感を伝えるときには、自分の体験をもとに話すと納得してもらいやすくなります。アパレルなら「同じ体型の人」、家電なら「家族構成や住居環境が似ている人」など似た条件の人の感想は、購入を検討するときにとても参考になります。

ただし、**一方的に「私も持っています」とアピールすることは、お客様の反感を買うこともあります。**

「私も持っています」とアピールしてもお客様は沈黙

私が新入社員だったときには、「私も持っています」と声をかけたり、商品説明をしたりしていました。「お客様に親近感を持ってもらいたい」「人気があると思うかな」と考えていたからです。着ていることをアピールをするために、人気商品をわざわざ購入したこともあります。お客様がその商品を手に取ると、すかさず自分が着ているところを見せながら、「私も着ていますよ」と伝えていました。

しかし、それも大して売上に結びつきません。「私も着ています」とアピールすると大半のお客様は戸惑った表情を見せます。まるで「で、私は何て答えたらいいの」とでも言いたげな様子です。そのような反応をされると、私もどうしていいかわかりませんでした。自分が持っていることを伝えたものの、それを接客にうまく活かせなかったのです。

お客様から好反応を得られると思っている「**私も持っています**」**という言葉ですが、実は多くのお客様がこの言葉の意図をつかみ切れず、困惑してしまいます。**なかには「持っていることを自慢したいのか」「自分が持っていることで売れると思うのか」といった解釈をするお客様もいます。

「持っています」のあとに付け加える言葉が大切

このようにネガティブなイメージを持たれやすい言葉ですが、使い方を工夫すればお客様になるほどと思ってもらえます。場合によっては、「あなたの話をもっと聞きたい」と感じてもらえるでしょう。

その工夫とは「**私も持っていますが〇〇になりました**」**と感想とともに伝える**ことです。驚くほど印象が変わり、お客様の反応に手ごたえを感じられるようになります。例えば、ブルーライト用メガネには「私も買いましたが、肩コリを感じなくなりました」、炊飯器には「私も使っていますが、ごはんの甘みが増した気がします」といった感じです。

自分が使ってみた感想を加えれば、自分が持っていることを伝えた意図が明確になります。

さらに**共通点を見つけると、その体験談の説得力が増します。**

小柄な女性が、ロングスカートを手に取っていました。ちょうど、私と同じくらいの身長です。どのくらいの裾丈か、しきりに気にしている様子でした。

そこで「お客様と私って同じくらいの背ですよね。私も、そちらのスカートを持っていますが、履くとくるぶしが見えるくらいの裾丈です。引きずらないで履いていますよ」と伝えたのです。

すると、お客様は「私たちの身長だと、引きずっちゃうスカートが多いですよね。

でも、引きずらないってわかったら安心しました」と笑顔で応じてくれました。そのお客様は丈の長いスカートを見るたびに、自分には長いと思い込んでいたようです。しかし、私の体験を聞くことで不安を払拭でき、試着に踏み切れたと話してくれました。お客様はその後、スカートを購入し「体型が似ている人から、話を聞けてよかったです」と帰っていきました。

この例では「自分とお客様の身長が同じ」という条件を活かし、自分の感想を伝えています。**使ってみた感想を伝えれば、お客様の不安を払拭し、お客様に自分が使っている姿をイメージしてもらいやすくなります**。つまり、自分の経験を伝えることによって、お客様に伝える言葉の説得力が増すのです。

みなさんが実際に持っている商品と使ってみてよかった点を日々整理しておけば、お客様にこうした説明ができるようになります。

ちなみに、場合によってはデメリットも正直に伝えることが求められます。例えばニットを探しているお客様を接客するときに、「私も持っています、洗えるから気軽に着れるんですよ」と伝えたとします。すると、お客様からは「縮まないか」と質問されることもあるでしょう。

もし、縮んでしまう可能性があるときには、「縮んでしまうが、〇〇と合わせることで着回しできている」「縮まないように、〇〇のような工夫をしたら大丈夫だった」などと、使用者だから話せる体験を伝えましょう。デメリットを伝えることで、より信頼感が増すこともあります。デメリットを克服した方法こそお客様が聞きたい内容であることが多いのです。

「私も持っています」と言うときには、それだけで終わらせずに自分なりの使用感を同時に伝えましょう。「〇〇になりました」をプラスすることで、みなさんの体験や感想が伝わります。「で、それが何?」と白けた雰囲気だった言葉が、少しの工夫でお客様の共感を引き出せる力強いワードとなります。「なるほど」「この人に聞いてよかった」と思ってもらえるようになるでしょう。

「私も持っています」で終わらせない

NG

「私も持っています」

「で？」と思わず聞き返されそうなワード。お客様は「なぜ自分が持っていることをアピールしたのか」と意図がつかめないので、戸惑ってしまうでしょう。

OK

「私も持っていますが、○○になります」

実際に購入した人の意見や感想はとても参考になります。「実際に使ってみるとどうなのか」を簡潔にわかりやすく伝えるひと言を続ければ、興味を引くことができます。

15

競合店の商品との違いを説明する

業種に限らず、どの店にも定番商品があります。アパレルならTシャツやジーンズ、靴ならプレーンなパンプス、インテリアならシンプルなソファや無地のカーテンなどが挙げられます。このような定番商品は競合店でも品揃えしていることも多く、見た目では違いがハッキリわかりません。その一方で、お客様のこだわりが強く、細かい点を知りたいという要望が多いアイテムでもあります。

他の店の商品と比較検討されていることを前提に

お客様がベッドを見ているときに、声をかけました。「こちらは『ぎしぎし』といった音を発しにくいです」「コンパクトなので、一人暮らしのお部屋にぴったりです」といったベッドのメリットを伝えますが、お客様の表情が優れません。そこで「何か気になるところが、おありでしょうか」と聞くと「実は他のお店でも似たような商品があって。そこの店員さんも同じようなことを言っていたの……」と言うのです。しかも、その店の価格のほうが一割以上安いようでした。

私はその店のベッドのことを知らないので、自店の商品のメリットを説明するしかありません。他の店のベッドにはない、メリットもわかりません。そのため、何を話したらお客様に響くか見当もつかず、うまく説明する自信をなくしてしまいました。自然と商品説明も尻すぼみになり、お客様との間に白けた空気が流れます。結局お客様は「また考えます」と店を出ましたが、再び来店することはありませんでした。

お客様が比較検討するのは、自店の商品だけではありません。様々な店を回りながら、商品を触ったり試したり、説明を聞いたりしている人も多いのです。つまり、その商品については、自分よりお客様のほうがくわしいということもありえます。

以前は高額の商品に多い傾向でしたが、最近では低価格商品にも当てはまるようです。例えば千円くらいのカットソーでも「○○というブランドに比べて、着装感が小さいか」「○○というメーカーと比べて、丈夫か」というような質問を受けることもあります。お客様が比較した状態で質問しているので「○○に比べて」と返事をしたほうが、納得を得やすいでしょう。このような商品は、一品あたりの単価は安いのですが「気に入ったら何枚も買う」「リピートする」「口コミをしてもらえる」といった効果が望めます。

競合店の商品との違いについてのお客様からの質問に対応するには、競合店の類似アイテムについて研究するしかありません。競合店に足を運び、接客を受け、試してみることで、競合店の商品や接客を知ることができます。もちろん、実際に購入して使用すれば、その感想を活かすこともできます。

しかし、競合店は数多く存在しますし、すべての商品を網羅するのは不可能です。調査する店や商品を絞り込むには、お客様がどの店と比較しているかを知るのが近道です。

「○○店と比べてどうですか」という質問を受ければ、その店に早めに足を運びます。「他に検討している店の商品はありますか」とストレートに聞いてもいいでしょう。定番商品については、自店が競合店だと思っていた店と、かけ離れた店が出てくる場合があります。このように自分が調査に行く店と、お客様が比較している店をマッチングさせていけばいいのです。

他社商品を知っていると言葉に「幅」が出る

レディスアパレルの仕事をしていたとき、他社商品にくわしいスタッフがいました。他のブランドの話をしていると「あのショップのシャツは、肩がちょっと大きいですね」「あのショップのカットソーは、袖の割に、丈が短いんですよ」といった知識が次々に出てきます。

そのスタッフが、シャツを手に取っているお客様に声をかけていました。「シャツは普段から着ますか」という質問に、お客様は「よく着るんですけど、実は、合うシャツがなかなかなくて」と答えています。話を聞いているとどうやら、肩が合わないそうです。「どちらのシャツを試着なさいましたか」と質問をしながら「そちらのブランドは、肩が細くて丈が長いのが特徴ですよね。どちらかというと、背が高くてなで肩の方に向いているブランドです。こちらでしたら、そちらのシャツよりも二センチも肩線が出ているので、お客様の肩向きですよ」と説明していました。

お客様は「へー、道理で合わないわけよね。こちらのシャツなら大丈夫かもしれないから、試着してみようかしら」と感心しながらそのスタッフの話を聞いていました。

他店のことを知ったうえで、自店の商品をすすめていることが伝わると、お客様は安心します。なぜなら「他のお店に行けば、もっといいものがあるかもしれない」という不安が払拭されるからです。自分が知りたいことを教えてくれる販売員は頼りがいがあります。もちろん、お客様が知りたい疑問をすべてカバーすることはむずかしいかもしれませんが、少しずつ知識を蓄えて役立てましょう。

補足すると、他店から得た知識を一方的に話しても、お客様には響きません。競合商品をけなすのも悪い印象を与えてしまうので避けます。**お客様が何を知りたいと思っているのかは、ヒアリングをする必要があるでしょう。**お客様のニーズに合わせて、必要な他店商品の情報を提供します。その際、お客様が使用感をイメージできるように説明すれば、より商品が魅力的に映るはずです。

見た目で他店の商品との違いがわかりにくい場合は店に足を運び、商品を比較してみましょう。プロの視点から、競合店の商品を含め商品を比べ、お客様によりよい物をすすめます。自店だけではなく他店を知っている販売員は、お客様に信頼される存在として重宝されるでしょう。

競合商品についても勉強しておく

NG

（自店の商品のことしか知らない）

「こちらの商品は○○です」

お客様は自店だけではなく競合店の商品も含め比較しているため、違いを聞かれることもあります。そこに「自店のメリット」だけ話されても違いがわかりにくいものです。

OK

（他店の商品と自店の商品の違いをふまえて）

「あちらの商品は○○でこちらは□□なので、お客様には△△ですね」

競合店の商品を知ったうえですすめれば、お客様の信頼感が増します。お客様が日ごろ、どのような店を利用しているかを知り、実際に足を運んで商品も試しておきましょう。

16

「在庫は店頭に出ているだけ」で終わらせない

「こちらの黒はありますか」「これより小さいサイズはありますか」

売り場では、お客様からこうした問合せをよく受けます。みなさんはどのように答えていますか。できるかぎり迅速に応えようと「**こちらですべてです**」と伝えている人もいるかもしれません。「そうですか」と残念そうな表情を浮かべながら、お客様は何を考えているのでしょうか？

ていねいに的確な情報を伝えたのにクレーム発生!?

「サイズがあるか聞いたのに、調べもしないで『ない』と即答されてしまった」

あるショップに、メールで一件のクレームが入りました。

応対したスタッフに事情を聞くと、「在庫がないことが正確にわかっていたので

『店頭に出ているだけです』とていねいに答えました」と言います。

ていねいに的確な情報を伝えたのにクレームになってしまったのは、**お客様は、在庫がなくても、何とかしてくれることを期待しているから**です。

自分のために精一杯やってくれるかどうかを、お客様は冷静な目で見ています。また、その姿勢に感動するからこそ、お店を再び利用したいと感じるのです。

このスタッフは、在庫がないことを伝えるだけで応対を終わらせてしまいました。的確な情報をていねいに伝えたつもりでも、お客様はそっ気ない対応で適当にあしらわれたと感じたのでしょう。「調べもしないで即答された」というクレームから、お客様の落胆ぶりが伝わってきます。商品やお店に対する期待値が高いときほど、このようなクレームは起こりやすい傾向にあります。

では、店頭在庫がなかった場合にお客様の期待に応える接客とはどのようなものでしょうか？

おもに、商品ストックをいま一度確認する、他の店の在庫状況を紹介（もしくは、取り寄せ）、再入荷の予定を確認、類似商品の提案などが挙げられます。お客様が商品を何とか手に入れられるよう、親身になって対応することが求められています。

実際に、問合せを受けた際の応対手順について触れておきましょう。各ショップで応対方法に違いがあると思いますが、一般的な方法を知りアレンジしてみてください。

お客様「これ、新しいのないですか」
販売員「はい、ただいま、商品倉庫に探しに参ります。五分ほどお時間をいただきますが、お急ぎでいらっしゃいますか」

お客様から在庫の問合せを受けたら、自分がどのように対応するかを伝えます。商品倉庫が離れている場合、時間がかかってもいいかを確認するとていねいでしょう。待っているお客様は、たとえ五分でも、大変長く感じるものです。**時間を伝えると、ストレスがやや緩和される傾向があります。**

販売員「お客様、大変お待たせいたしました。申しわけございませんが、そちらは大変人気の商品のため、最後の一点です。他店に新しいものがあれば、お取り寄せの手配をいたしますが、いかがでしょうか」
お客様「うーん、どうしようかな」

お客様に待ってもらったことに感謝の意を示します。在庫があった場合は、ビニールなどを取り、お客様が見やすいよう広げ、両手で渡しましょう。在庫がなかった場合は、ここからが肝心です。お客様に喜んでいただくには、**在庫の取り寄せや代替商品を提案する**といいでしょう。実は、大半の販売員が「調べて終わり」になっているのです。以下の会話を参考に、次の提案を実践してみましょう。

販売員「お客様、新しいものということは、もしかしてギフトですか」
お客様「そうなの、でも取り寄せると時間がかかるでしょう。明日プレゼントしようって思っていたんだよね」
販売員「いまご覧になっていたものと、印象の近い商品があるのですが、ご覧になりますか」
お客様「じゃあ、見てみようかな」

このように「その商品じゃないとダメ」とは限りません。「なぜその商品について、問合せがあったのか」を推測し、お客様に質問を投げかけてみると、思わぬ商品を提案できる場合もあるでしょう。

冒頭で紹介したショップでは、お客様からのクレームを受けたあと、在庫がなかった際の対応を見直しました。どのスタッフも「他店の在庫を調べましょうか」「何かご用途をお考えでしたか」といった、質問を心がけるようになったのです。その結果、在庫に関してのクレームはなくなりました。

さらに、「在庫はなかったけど、そのあとにぴったりの商品を提案してもらえて助かった」というお礼のメールまでもらったのです。売上のロスを減らすことができたことに加え、お客様に心から喜んでもらえたことはショップの士気を高めました。

「店頭に出ているだけです」の次のひと言が出てくるかで、売上はもちろん、お客様の満足度も変わってきます。満足度の高いお店が、お客様の再来店を促し、ファンをつくりだしていくのです。

「在庫は店頭に出ているだけ」で終わらせない

NG

「店頭に出ているだけです」

在庫がないときの対応をお客様はしっかり見ています。そもそもお客様は「店頭に出ているだけかもしれない」と思ったうえで念のため販売員に声をかけているのかもしれません。

OK

「他店の在庫を探しましょうか」「それなら、似たアイテムがありますよ」

お客様をがっかりさせないようベストを尽くしましょう。「一生懸命、代わりのものを探してくれた」という印象は強くお客様の心に残り、顧客化にもつながるでしょう。

17

「そんなことないです」は言いすぎに注意

販売員として売り場に立っているみなさんは、身だしなみにも気をつけ、外面や内面を気遣っているでしょう。そのような姿は、お客様から見てもステキに映ります。「かわいいわね」「かっこいいね」などと、お客様からほめられることもあるでしょう。その際、みなさんは、どのように答えていますか?

意外にむずかしい「ほめられたとき」のリアクション

私も新入社員だったころ、**ほめられたときにどのようなリアクションをすればいいのか**、頭を悩ませていました。入社したばかりで初々しさがあったのでしょう。お客様からは「かわいいわね」とほめられることもしばしばありました。しかし「はい、かわいいです」などと答えるわけにいきません。そこで、**いつも「そんなことないで**

す」**と謙遜**していました。

しかし、あるとき事件が起こります。その日、五十代後半の女性を接客していました。そのお客様は大変ほめ上手で私のことを「ステキね」「おしゃれね」とたくさんほめてくれました。しかし、私は恐縮し「そんなことないです」と答え続けてしまったのです。「せっかくほめているのに」といった様子で、お客様はムッとしはじめました。その後、接客はうまくいきません。状況を察した先輩が接客を変わってくれましたが、気まずい気持ちで売り場を行ったり来たりするしかありませんでした。その日は、モチベーションもがっくりと落ちてしまい、何も売れないという苦しい時間を過ごしました。

なぜ、お客様はムッとしてしまったのでしょうか？

ほめるという行為には、相手に喜んでもらうことで自分の気持ちを満たす効果があります。しかし**お客様は**「**そんなことないです**」**と否定されることで、自分の好意をムダにされたような気分になって**しまったのです。

例えば、みなさんがプレゼントをして、相手に喜んでもらえなかったら、モヤモヤした気分になりませんか？　ほめたときの微妙な反応は、お客様に「言ったらいけないことを口にしたのかも」と不安にさせてしまうようです。

お礼で受け止め、お客様を立てる

私が初めて配属された店舗は、スタッフ全員が容姿端麗。いつでも私の憧れでした。当然、お客様からも「とってもきれいね～」などと、いつもほめられています。「あっ、またほめられてる」という様子を感じると、受け答えをメモすることにしました。そこで、ある共通点を見つけることができたのです。一人の先輩の受け答えを例に挙げてみましょう。

お客様「あなたのコーディネート、今日もとってもステキね」
先輩「ありがとうございます。お客様みたいにオシャレな方にほめてもらえると、舞い上がっちゃいますね」

この受け答えは「**ほめられる↓お礼で受け止める↓お客様のことをほめながら気持ちを伝えている**」という流れで行なわれています。このように**お客様を立てると、謙**

遜せずとも控えめな印象を与えられます。

さらに、先輩はこう続けていました。

先輩「実は先日のお客様のコーディネートがステキだったので、真似させていただきました。たくさんのお客様からほめられるのも、お客様のおかげですね」

「ほめられているのは、お客様のおかげです」

こうほめられたら、うれしくなってしまいませんか？　こちらのお客様も「あら、そうなの。うれしいわ」とニコニコと満面の笑みを浮かべていました。その後もウキウキとした表情で接客を受け、お客様はお買い物をしていました。

ほめられたときに上手に受け答えするポイントは、相手の好意を素直に受け取り、「ありがとうございます」とまず伝えることです。口下手な人でも、このひと言を言えば、お客様も十分うれしく受け取ってくださるはずです。

次に、相手のことを立てる。これはちょっとむずかしいかもしれませんので、よくほめられるワードを軸に、どのように返すか、自分なりのマニュアルをつくるといいでしょう。

例えば「かわいいわね」と言われたら「周りは全然そう言ってくれないんですよ。そこに気づくなんて、お客様はさすがですね」と冗談混じりに伝えてみる。「おもしろいわね」と言われたら「お客様が聞き上手だからです」と、相手を立ててみる。こうしたパターンを増やしていけばいいでしょう。

ほめられたときに、ついつい「そんなことないです」と口に出す癖がついている人は、本来はとても謙虚で控えめな性格であることが多いでしょう。そんな人でも、まずは「ありがとうございます」と口にすれば、相手のにっこりとした表情を受け取ることができます。

また、ほめられ上手はほめ上手でもあります。**自分がほめられて嬉しかったことは、自分がほめるうえでのストックとして心の片隅に残しておきましょう。**

謙遜ワードは使いすぎに注意

NG

（ほめられて）
「そんなことないです」

こちらは謙遜しているつもりでも、自分を控えめに見せようとするあまり、お客様の好意をムダにしてしまうこともあるひと言。使いすぎに注意しましょう。

OK

「ありがとうございます。お客様にほめられるとうれしいです」

お客様からほめられたときには、まずお礼を伝えましょう。返す言葉に戸惑ったときも、まず最初に「ありがとうございます」と受け止められれば、お客様もうれしく思うでしょう。

18

お客様から「なるほど」を引き出すコツ

みなさんが扱っている商品には、作り手のこだわりや思いがたくさん詰まっています。それを伝えることも販売員の役割の一つです。近年では機能的な商品も増え、お客様にアピールしたいポイントも盛りだくさんです。それらを、お客様に「すごい」「なるほど」と実感してもらえるよう、伝えていきたいものです。

興味のないお客様に商品のメリットを紹介しても効果は薄い

ジーンズをお求めのお客様を接客していたときの話です。ジーンズはシンプルなようでいて、各社、様々な特徴があります。見た目ではわかりにくいポイントも多いので、お客様への説明にくわえて、試着していただく必要がありました。商品部からもジーンズのおすすめポイントが書かれた資料が送られ、「自信を持っておすすめしてほしい商品です」のひと言が添えてあります。

お客様がジーンズを手に取ると「履き心地がいいですよ」「とても伸びます」と、資料の通りに様々なメリットを伝えました。しかし、**こちらがどんなに一生懸命説明しても、お客様の反応は「ふーん」といった感じで、まったく響いていません。**なかには私の話に飽きてしまっているお客様もおり、言葉を遮って「試着いいですか」と、切り出すお客様もいました。「ジーンズの魅力も伝えたいけど、このままだとお客様の反応は薄いまま」と一点も売れないジーンズに焦りを感じます。そして、ジーンズの商品説明をするたびに「なんとかして、お客様から『なるほど』という反応を引き出したい」と思うようになっていきました。

たくさんのメリットを話せば、お客様も買いたくなるだろうと思っていませんか？　同時に「お客様の反応が薄い」と感じているでしょう。そうなると、話しているうちに「興味がないのかな」と不安になってきます。もしくは「商品が悪いのかな」という結論になるかもしれません。しかし、お客様には別の理由があるのです。

お客様の反応が薄いのは、説明にピンとこないからです。つまり、説明を聞いても、自分に置き換えて感じられないからです。

お客様に「メリットを自分に置き換えて感じてもらう」ためには「メリットの先にあるもの」を説明するのがいいでしょう。例えば「軽いお鍋」があるとします。「軽いお鍋ですよ」とだけ説明すると「ふーん」という返事だけかもしれません。しかし「重いお鍋って片手でお皿によそうときに、お鍋を持っている腕がプルプルとふるえますよね。このお鍋は軽いから、それがないんです」と言うとどうでしょうか。自分が使っているところをイメージしながら、説明を聞くと、よりリアルにお鍋の軽さを想像することができるはずです。

他の商品を例に出し、説明方法について触れてみましょう。

◎腕まわりがゆったりしたトップスの場合

×「ゆったりしているので、着やすいです」

○「腕回りがゆったりしているので、電車のつり革でもつっぱらないです」

◎暖かい布団の場合

×「暖かいので、一枚でも大丈夫です」

○「一枚でも暖かいので毛布いらずです。寝ている間に布団と毛布がズレるのを気

にしなくていいですよ」

このように、**一つのポイントをよりていねいに、お客様のライフスタイルに合わせて話すと「なるほど」を引き出すことができます。**商品が持つメリットすべてが、お客様のメリットになるとは限りません。それよりも、お客様に合わせてライフスタイルを引き出し、お客様がイメージしやすくなるような工夫が求められています。

冒頭の例で出てきたジーンズの後日談に触れましょう。一点も売れずに苦戦していましたが、ある日を境に売上を伸ばせるようになりました。それは、メリットをお客様に置き換えてもらいやすい商品説明にしたからです。

お客様との会話のなかで「仕事でジーンズを履きたい」という要望が出てきました。お客様の職業は保育士で、子供の目線に合わせて屈むことも多いそうです。しかし、現在持っているジーンズはストレッチが効かず、屈みにくいのが難点でした。いつもなら「ストレッチが効いて、履きやすいです」と伝えるところでしょう。そのときは「ジャングルジムに登ったりするようなときも、足が動かしやすいと登りやすいですよね」と話しました。

すると、お客様は「そうなんです、この間、登ったものの降りられなくなった子がいて助けてあげなきゃいけなくなったんです。そうですね、そういうときはやっぱり動きやすいほうがいいな」と深くうなずいています。お客様の頭の中で「ストレッチが効いていること」と「仕事で動きやすくなっている自分」がはっきりイメージできたのでしょう。これをきっかけに、商品説明の手ごたえを感じられるようになりました。お客様も、このような「すとんと腑に落ちる説明」が重なることで、商品への魅力や興味がより湧いてくるのです。

お客様に商品の魅力を伝えるとき、様々なメリットを並べたくなります。その気持ちをグッと抑えて、**一つのメリットをお客様のライフスタイルに合わせて説明しましょう**。メリットの先にある「実際に使ったらどうなるの」という疑問に答えられるようにしたいものです。

商品説明は形容詞で終わらせない

NG

「軽いです」「コンパクトです」

メリットを次々に説明しても、印象に残りにくくピンと来ないという意見もあります。「なぜそうなのか」「だから、どうなる」という部分まで話すように意識しましょう。

OK

「カバンに入れても、肩が疲れません」

よく聞くメリットでも、その人に合わせて具体的に話せば「なるほど」と思えるものに早変わり。お客様が納得できるように、お客様のライフスタイルを聞きだして、訴求しましょう。

19

雑談しても売れなければ意味がない

「商品の話題だけの接客では売れない。売るために雑談をしよう」

こうしたアドバイスを受けたことがありますか？　雑談は自分を知っていただくことにもつながります。また、印象に残る接客になることから取り入れている人が多くいます。一方で、雑談で一時間くらい盛り上がったけど、何も買ってもらえなかったということも、よくある話です。

一時間も雑談して、売上は一点だけ

私も、雑談すれば売れやすくなる、商品以外の話をすれば顧客になってもらえると思っていました。もともと、人見知りで会話をするのが苦手でした。でも「このままだと、今日は一点も売れそうにない」という日を乗り切るためには、何とかしなければばいけません。そこで、雑談が上手な先輩の意見を参考にお客様を盛り上げ、笑わせ、自分のことを覚えてもらおうとたくさん話したのです。

自分の中のスイッチを押すと、みるみるうちに口から言葉が出てきます。「自転車通勤ですか？　私、自転車は直進できても曲がれないいんですよ」などと冗談をはさみながら、双方で笑いの絶えない会話が続きます。

一時間ほど雑談を交わしたあと、お客様が「じゃあ、そろそろ、こちらを買って帰ります」と切り出しました。一点だけ商品を持ってレジに向かおうとするお客様に慌てて「こちらはいかがですか」とおすすめします。しかし「今日はこれだけでいいわ」とやんわりと断られてしまいました。

「あんなに話をして、自分を売り込んでいるのに。なぜセットで売れないの？」と、接客をするたびに、自分の接客スタイルに不安を覚えました。

「雑談相手」ではなく「プロ」として悩みを解消する

長い時間、お客様との会話に時間を割いたのに売れないのは、なぜでしょうか？

それは、お客様があなたのことを「一生懸命話をしてくれる、面白い人」と認識しているからです。**販売員には本来「お客様のニーズを引き出し、悩みの解消やお客様にプロからの視点で提案する」という役割があります。**

雑談はニーズをくみ取るうえで、お客様の心を開き、販売員との距離を近づけるために有効です。しかし、本来の目的から離れ、雑談そのものが目的になってしまうと、商品の話題に戻ることがむずかしくなるのです。お客様も「話が盛り上がってい るし、遮るのは申しわけない」と思うでしょう。また「会話が盛り上がった」ということばかりが印象に残り「いいアドバイスをしてもらった」というイメージが残りにくいものです。つまり、**雑談で終わってしまう場合、「買いに来る」ではなく「話すことが目的」でお客様は来店するようになる**のです。立ち寄っていただくだけでもありがたくはありますが「お客様にプロとしてのアドバイスをする役割」は果たしたいものです。

「場を盛り上げる」よりも「話を引き出す」

かといって、雑談を抜くと「面白みのない人」「キャラクターが伝わりにくく、パーソナルな印象が残らない」という状態に陥りかねません。そのためには、何に注意すればいいのでしょうか？
このような場合の接客のポイントは**何とか場を盛り上げようと「一方的に会話をする」のではなく「相手の話を引き出す」こと**です。自分の接客を振り返ったときにお客様が聞き役になっていませんか？　お客様が自分のニーズを思う存分話せる状況をつくるために、雑談はお客様に話題を振るスタイルにしてみましょう。こちら側からお客様との話題を誘導できるので、商品の話題に戻りやすいという利点もあります。

ある日、とある販売員からバッグの接客を受けました。
販売員「バッグには何を入れるんですか」
私　「お財布とか、携帯電話とか。あ、リップクリームをいつも探してしまいます」
販売員「わかります。小さいものって、どこにあるか見失いがちですよね」
（しばらく続く雑談）
販売員「先ほどから伺っていると、結構細かいものを持ち歩かれているんですね」
（質問を投げかけることで、商品の話題に軌道修正）
私　「そうなんです。でも、パソコンがあるので、カバンは大きくないといけないんですよね」

販売員「それでしたら、こちらのバッグは、ポケットが多いですよ。リップクリームもペンも散らばりませんね」

この販売員からバッグを購入し、お店を出たあと「感じがいい人から接客が受けられたな」という印象が残りました。そして、翌日バッグを使うとき「あの人がおススメしてくれた通り、私に合っているバッグだな」と感じたのです。そして後日、出張で使うスーツケースもその販売員から購入しました。

このようにお客様の満足度を上げ、再来店を促すにはお客様に合わせた商品提案が欠かせません。雑談をしながら「**商品説明に活かせるネタを探す**」→「**商品の話題に軌道修正できるような、質問を投げかける**」→「**お客様の答えに対し、提案する**」というスタイルを取り入れてみてください。

「とにかく、商品と関係ない雑談をしよう」「商品に関係ある話をしたら、売れない」というような考え方は、やや偏った考え方だと思います。「雑談」を接客の目的にするのではなく、お客様ニーズを引き出すためのツールと考えると、雑談の取り入れ方やお客様とのやりとりも変わってきます。

雑談は上手に軌道修正する

OK

話題を振り、相手に話してもらう雑談

お客様の気持ちを盛り上げつつ要望に応えるのがプロ。話しながらお客様の好みやニーズをくみ取ります。「ということは、○○ですか」と適切なタイミングで確認すれば、商品提案に軌道修正できます。

NG

一方的に話しまくる雑談

雑談はとても大切ですが、雑談に偏りすぎると「あの販売員は面白い人」という印象は残せても、「商品を選ぶときに頼りになる人」と思ってもらえないことも。

Column 3

男性と女性で商品説明の仕方が違う

ショップによっては、男女問わず接客することもあるでしょう。同じ商品でも、男性と女性では、欲しいと思うポイントが違うようです。「一足一万円の靴下を、男女それぞれのお客様に売るとしたら」と仮定し、解説してみました。どちらのお客様でも対応できるよう、傾向を知っておきましょう。

男性のお客様には、理論的に話を整理して伝えます。「かかとの編地が違うのは『一年間履き続けても、かかとが擦り減らないようにするために』職人が工夫したものです」と、話します。「その商品に価値があるのは、○○という理由があるからです」の○○の部分に、男性のこだわりポイントを盛り込みます。例えば「機能（丈夫であることなど）」「ディティール（ボタンや刺繍など）」「レア度（○○限定など）」「ブランドの歴史」などがあります。

女性のお客様には、感覚的に話すといいでしょう。「かかとの編地が違って、ちらっと見えるとかわいいですよね」と、話します。「その商品に価値があるのは、○○という気分になれるから」「人から○○と思われるから」の○○の部分には、感情的なポイントを盛り込むといいでしょう。例えば「ほめられる」「楽になる」などがあります。また、具体的な数字で話すよりも「ぱぱっと」「ずーっと」など、擬音語を使うと伝わりやすいようです。

もちろんこれは話をわかりやすくするための一例ですが、男女差も意識しながら、お客様に合った接客のコツをつかみましょう。

第4章

決め手になる言葉でひと押しする

20

「売れています」だけでは決め手にならない理由

お客様が購入するかどうか悩んでいるときに、最後のひと押しとして「**そちらは売れています**」「**人気があるので、なくなってしまうかもしれません**」と言ったことはありませんか？　こうした言葉は購入の決め手となることもある一方で、お客様が興味を示さず反応が薄いものです。

「売れています」は本当に魅力的な言葉？

お客様が購入を悩んでいると「売れていますし、おすすめですよ」と伝えてしまうものです。あるとき私は、会社帰りの女性に流行りのデザインのスカートをすすめていました。試着した姿も大変お似合いで、手持ちのアイテムともよく合いそうな雰囲気のスカートです。しかし、購入に踏み切ることができず、ずっと迷っている様子でした。そこで「売れていますし、一枚持っていると便利ですよ」とお伝えしたのです。するとお客様は「やっぱりやめておきます」と、スカートを戻してしまいました。そして「せっかく、おすすめしてくれたのにすみません。実は、前に同僚と服がかぶってしまったことがあって」と申しわけなさそうに売り場を去っていきました。

「売れています」という言葉は魅力的に見えますが、お客様にとっては必ずしもそうだとはかぎらないのです。この例のように流行り物に抵抗感を示すお客様もいます。この場合は、「着こなし次第で表情の変わるスカートですよ」と伝えれば、違う反応があったかもしれません。いずれにせよ、お客様一人一人に合わせた「クロージングトーク」が必要になります。

「人とかぶりたくない」「失敗したくない」という心理

それとは別に、現在では、ランキングのような第三者の評価を信頼しているお客様も増えています。「買い物をする際は失敗をしないように口コミサイトを参照する」「ママ友の評判を聞いてから購入する」などが代表的な例です。「人とかぶりたくない」が、信頼できるものが欲しい」という心理が、お客様には働いているのです。そのようなお客様心理をクリアするクロージングトークの一つとして「**○○のような方から人気です**」という言葉遣いがあります。

例えば、どのランニングシューズを買うか、お客様が迷っているとしましょう。ランニングシューズには「ランニングを始めてみたい」「ベテランで、大会を目指している」など、様々なニーズがあります。どのお客様にも「そのシューズは人気があります」と伝えていては、説得力に欠けてしまいます。

「お客様と同じようにランニングを始めてみたいという方に人気があります。もしランニングが続かなくても、普段着に合わせやすいというのが決め手なようです」

同じニーズの人が購入した決め手をクロージングトークとして話すと、人気があることを伝えていても反応が変わります。実際に購入している第三者の使い方を聞くことで安心感を得ることができ、購入のハードルが下がるからです。

「どのような理由で購入を決めたか？」に注目する

こうしたお客様に合わせたトークをするには、**日ごろの接客で得た情報を活かす**ことが重要です。「**どのようなお客様が、どのような理由で購入に至ったか**」を接客後に分析しておきましょう。
「どのようなお客様」という点では「職業」「年齢」「性別」「テイスト」「ライフスタイル」などでタイプを分けます。先ほどのランニングシューズを例に挙げるなら「ランニング初心者で、普段は女性らしいスタイルの洋服が多い女性」というようにタイプ分けします。同じように「女性らしいスタイルが多く、スニーカーを履くことに抵抗がある」という悩みを持つお客様が来店した際、実例として提案しやすくなります。

また、他のお客様がなぜ購入したのかは、お客様にとって興味深い内容だといえます。その内容に共感すればするほど、購入への意識が高まってくるでしょう。

購入を決めたお客様に「買った決め手はなんですか」と聞くのも一つの手です。ただ、単刀直入すぎて聞きにくい場合もあるでしょう。そこで、購入を決めたお客様に「ぴったりな○○が買えてよかったですね」と話しかけてみるのはいかがでしょうか。

販売員「ぴったりのバッグが見つかってよかったですね」
お客様「そうなの、パソコンが重いから、軽くて丈夫なバッグを探していたの」

このように、お客様は自然と、購入した理由を話してくれるでしょう。レジやお見送りをしながら、何気なく切り出すとお客様の率直な感想を伺うことができます。

購入理由を聞き出したら「お客様と同じように、パソコンを持ち歩くお客様から人気があります。パソコンは重いので、バッグ自体が軽くて持ち歩きやすかったことが決め手だったようですよ」というように「**お客様と同じように○○な方から人気です。それは□□が決め手だからですよ**」に当てはめてみましょう。

どのお客様も「売れている」と聞けばうれしいとは限りません。それよりも「自分に合っているのか」「購入している人のリアルな声」を知りたいと感じている人が多いのです。「お客様と同じ立場・テイストの方が○○のような理由で購入しています」と伝えましょう。きっと「自分とタイプの似ている人が買っているから、失敗しない」という安心感と「自分に合わせてぴったりのものが選べた」という特別感を得ることで、満足のいくお買い物体験を提供できるのではないでしょうか。

売れている「理由」を説明する

NG

「売れています」「人気です」

「他の人と同じものは嫌だな」「誰に対しても言っているんだろうな」とお客様は思ってしまうもの。誰にでも使える「売り文句」のため、お客様には響きにくいこともあります。

OK

「お客様と同じ○○な方から人気です」

お客様一人一人に合わせた言葉を考えます。その際、お客様と似た条件の人の購入理由や使用感を話せば、説得力がアップします。相手の特性を見極めて話すことが大切です。

21

「最後の一点です」はタイミング次第

購入を迷っているときに「**最後の一点なので、早く買ったほうがいいですよ**」と言ったことはありませんか？　早く買わないとなくなると急かすことで、相手の購買意欲を上げることが目的の言葉です。売り手側も売上につながりますし、買い手側も買い逃しを防ぐことができます。一方で、使うタイミングに注意する必要がある言葉です。最後の一点という理由で購入したりすすめたりすることには、思わぬところで双方に、リスクが生じているからです。そのリスクとはどういったものでしょうか？

買い物を焦りたくないお客様には逆効果

ネックレスをお買い求めのお客様を接客していたときのことでした。めずらしいデザインの商品で、入荷数も少量でした。他にはないデザインにお客様は惹かれていたのでしょう。しかし、購入の決め手に欠けるらしく、何度も鏡の前で合わせながら悩んでいます。その間にも「こちらは、個性的な商品ですが、意外といろいろな服に合わせやすくて」と説明しましたが、一方的に話していればネタも尽きるものです。悩んでいるお客様を横で見守るしかない状態になってしまいました。

お客様があまりにも悩んでいるので「最後の一点で、すぐなくなると思います」と伝えたのです。お客様は「あ、そう」と言いながら、何かを考えている様子でしたが、購入には至りませんでした。**「迷っているときは買うのをやめているの。焦って買うと、後悔しそうだから」**という、帰り際の言葉がいつまでも私の耳に残りました。

以前は「最後の一点です」という言葉が多用され、お客様がそのアドバイスに従って購入することもあったようです。しかし、多用されたために「焦って買ったけど、使わなかった」「最後の一点と言われたけど、次の日にお店の前を通りかかったらあった」といった失敗を経験したお客様が増えました。むしろ**「買わせようと嘘を言っているのかもしれない」**とか**「その言葉には踊らされないぞ」**など、**最近はこの言葉を、お客様が警戒する傾向にあります。**

「すぐなくなります」という言葉は、もはや購入につながりにくくなっています。会話が弾み、お客様といい雰囲気で接客が進んでいると感じているときこそ、気をつけたいものです。「その言葉に踊らされて失敗したくない」と思うお客様と、そう思われることによりお客様からの信頼を失う販売員。これが、双方に起こるリスクといえます。

「最後の一点」のタイミングをずらせば満足度が上がる

そうはいっても「最後の一点です」が禁句というわけではありません。**お客様に伝えるタイミングに気を配れば、むしろ喜んでもらえる言葉になります。**

先日、友人が雑誌で見たコートを探しにショップへ行く際、私も同行したときの話です。友人はコートの値段が高く購入に躊躇している様子でした。販売員の助言で購入を決めましたが「やっぱり、もうちょっと悩めばよかったかな」と、不安そうな表情です。そんな表情を見たからか、販売員が会計をしながら声をかけてくれました。

「実は、この商品、最後の一点だったんです。後悔しないようにじっくり悩んでいただきたかったので申し上げませんでした。でも、雑誌に出てからあっという間に売れてしまい、他のお店にも在庫がないのでお取り寄せもむずかしくて……。お客様にお似合いでしたから、買っていただけてうれしいです」

お店を出た後、友人は私に「最後の一点だったなんて、買っておいてよかった。また欲しくなったら手に入らないもんね」とうれしそうに声を弾ませていました。

購入決定前と、購入決定後では「最後の一点です」という言葉の感じ方に違いがあるのがわかるでしょう。「最後の一点」というキーワードは、購入のひと押しではなく、お客様の満足度を上げるための言葉として使えます。

お客様の満足度を上げるためのアクションとして「後味を売る接客」が欠かせません。購入決定後の会話も、そのアクションの一つです。**今後も来店してもらう顧客にするためには「買います」と言われたあとが勝負**です。いい買い物をしたと実感してもらい、店や自分に対する好感度を上げておくと、深い印象を与えられます。その際のひと言として、いつもは最後のひと押しとして使っている言葉を活用するのがおすすめです。

「だまされないぞ」ではなく「いい買い物ができた」

購入前に「人気があります」「最後の一点です」と言うと「買わせるための殺し文句」ととらえられ、いやらしい印象が残りがちです。それが例え、本当のことだったとしても、なかなか好感を持って受け止められにくいでしょう。

そこで、**いままで背中を押すために使っていた言葉を、あえて購入後の雑談に活かします**。購入した商品がどれだけお客様にとって最適な買い物だったかを伝えるうえで、これらの言葉は非常に印象に残るでしょう。先ほどの例にもあるように、満足度も上がりますし、販売員への信頼にもつながるのではないでしょうか。

購入のひと押しとして使っていた「最後の一点です」という言葉は、決してタブーではありません。お客様の気持ちを考えながら伝えるタイミングを選び、お客様の満足度を上げるための言葉に変身させましょう。「もうだまされないぞ」という気持ちと「いい買い物ができた」という気持ちはまったく異なります。些細な気遣いの有無で、明暗が分かれるのです。つねにそのことを意識し、慎重に言葉を選んでいきたいものです。

「最後の一点です」はタイミングが重要

NG

（購入を迷っているお客様に）

「最後の一点で、すぐ売り切れます」

お客様に何とか買ってもらおうと、ダメ押しするひと言。使いようによっては、「だまされないぞ」とお客様を警戒させてしまうこともあります。

OK

（購入決定後のレジなどで）

「実は最後の一点だったんです」

購入決定前に言われると、何となく疑ってしまう言葉も、購入決定後に伝えると信憑性がアップします。お客様に買ってよかったと思ってもらえるひと言に変わります。

22

お客様にプラス一点をすすめるコツ

お客様の要望に合わせて、提案した商品を買ってもらえることはうれしいもので、接客の醍醐味の一つです。複数の商品を合わせて購入してもらう「セット率」を上げることは、売上アップにもつながります。そのため店としてプラス一点をすすめることは欠かせないでしょう。

しかし、言葉の選び方によっては、不快感を与えることもあります。その代表格が、**会計前に声をかける「○○はよろしいですか」というひと言**です。

「買うもの」と「買わないもの」は同時に決めている

アロマオイルを探しているお客様の接客をしていたときのことです。一つの精油を手に取っていたお客様に「普段から、アロマオイルをお使いですか」と声をかけました。どうやら、アロマオイルを使うのは初めてなようです。そこで、ディフューザーを一緒にすすめることにしました。お客様は、提案した商品に興味津々な様子です。買ってくれるかもしれないと思った私は、積極的にディフューザーの提案をしました。

一通り提案すると、お客様は「じゃあ、今日はこれをお願いします」と当初手に取っていたアロマオイルを私に差し出します。「はい、かしこまりました」と答えつつも、ディフューザーを買わないことに拍子抜けしてしまいました。仕方なくダメ押しで「ディフューザーはよろしいですか？」と購入を促します。お客様は、苦笑いしながら「ええ、今日はそれだけでいいです」とそっけない返事をしました。まるで「あなたが勝手にすすめたんでしょ」といった表情です。

自分が提案した商品への反応がいいと、ついつい買ってもらえるものと思い込んでしまいます。ところが、**お客様の表情は笑顔でも、頭の中では「自分にとって本当に必要か」を冷静に考えています**。「これをください」と言ったときにはすでに「それ以外は買わない」と心に決めていることも多いようです。そのため「こちらはよろしいですか」と提案された商品をもうひと押しされても「じゃあ、それも」と言うわけにはいきません。むしろ、押しつけがましいと感じる人もいるでしょう。

言葉選びで一緒に買ってもらえることもある

ここで誤解してほしくないのは、ダメ押ししてもムダということではありません。一度買わないと決めた商品を「やっぱり、買おうかな」と踏み切ってもらうには、それだけの言葉選びが必要になるということです。

もう一点、買ってほしいときは「○○が一緒にあるとおすすめです＋理由」と伝えます。この言葉により、お客様は「せっかく買うんだから、○○も買っておいたほうがいいのかも」と、思い直してくれるかもしれません。具体的に言葉を当てはめると、以下の通りです。

◎ベッドと一緒に、ベッドパッドをすすめるとき

「ベッドパッドが一緒にあるとおすすめですよ。子供がおねしょをしても、ベッドを汚さず、こちらを洗濯機にポンと入れておくだけでいいので」

◎スーツケースと一緒にキーホルダーをすすめるとき

「キーホルダーを一緒に買うのがおすすめですよ。飛行機の荷物受取所で目印になって、他の荷物と間違えられませんから」

このように、一緒にあるといいことと、その理由を簡潔に伝えます。理由は、接客中にお客様の反応が特にいいと感じた部分を使うと効果的でしょう。

この伝え方は「買ってください」と言っているようで、強い言葉に感じる人がいるかもしれません。しかし、「間違いなく『お客様が買ってよかった』と実感してもらえる」なら、熱意を持ってすすめましょう。**自信を持ってすすめることはお客様のためにもなる**のです。

カーディガンを接客したときのことです。カーディガンと一緒にインナーのカットソーも提案していました。お客様は「今日はカーディガンだけでいいです」という返事です。「カーディガンが好きで、何枚も買ってしまう。でも、インナーがなくて、コーディネートに困っている」という話を聞いていたので、「このお客様には、インナーが一枚あれば、着なくなったカーディガンも甦るはずだ」と強く確信していました。そこで「カットソーも一緒にあるといいですよ。いままでのカーディガンも使い回せますし。このチャンスを逃したら、インナーを買う機会はないかもしれないです」と少し強めに伝えました。すると「実はちょっと悩んでいました。やっぱり、あったほうがいいですよね」と、カットソーも一緒に購入することになったのです。

後日、そのお客様から「やっぱり、買ってよかったです。自分では、カットソーって買わなかったけど、すすめてもらって買ったら、よさに気づきました。いま、それぱっかり着てます」という言葉をもらいました。自分が自信を持ってすすめたものは間違っていなかったと、ほっと安心しました。

「こちらはよろしいですか」というひと言は、お客様に購入・非購入の選択を丸投げにしている言葉です。一方で「○○も一緒がおすすめです」と伝えるのは、直接的に購入を促すものです。自分が自信を持ってすすめているという熱意を見せれば、接客へ真剣に向き合っていることが伝わります。

「どうせ買わないよね」と思いながら「こちらはよろしいですか」と形式的にすすめるよりも、自分の言葉でしっかり情熱を見せることが重要です。

もう一点の購入を促したいときには

NG

「こちらはよろしい（大丈夫で）ですか」

会計直前に、あと一点の購入を促す言葉です。人は「よろしいですか」と聞かれれば反射的に「はい（買いません）」と答えがちなものです。マニュアル的な言葉だとなおさらです。

OK

「○○が一緒にあるとおすすめです。たとえば□□」

「買うものと一緒に、○○があったら便利ですよ」ということを伝える言葉です。プロの目線で「お客様に必要だ」と感じたらもうひと押ししましょう。ただししつこく押すのはＮＧ。

23

お連れの方を「味方」につける方法

親子や友達同士・夫婦などペアの接客が苦手という人も多いようです。複数のお客様を接客するときには、商品を手に取っているお客様だけではなく、同伴しているお客様の影響も無視できません。こちらが**一生懸命説明して、その気になっていても、同伴している人によって覆されてしまうこともある**からです。自分の意見を取り入れてもらいつつ、ペアそれぞれの意見を聞いて巻きこんでいきたいものです。

連れのお客様の言葉で購入は決まる

私が勤務していたレディスのアパレルショップでは、休日にペアのお客様が増える傾向がありました。売上が見込める休日こそ、ペアのお客様への接客ははずせないものです。来店した二十代前半のカップルに、ネックレスの提案をしていました。女性のお客様は買うことに乗り気で、私の話にも熱心に耳を傾けています。おそらく、その場に同伴している男性がいなければ、その接客はなんの問題もなく終わったでしょう。

しかし、女性は接客を受けながらもチラチラと一緒にいた男性のことを気にしていました。「ごめんね、待たせて」と時折声をかけ、購入する際も「ねえ、これ買っていいと思う？」と確認しています。そこで、男性は女性に対し「いや、俺はよくわからないし。でもこの間も似たもの買ってなかった？」と答えました。するとそれまで買う気満々で紅潮していた頬が、さっと青ざめていったのです。「え、そうかな？ 似てるかな」と言いながら迷いだしてしまい「店員さん、すみません。私やっぱりやめておきます」と言いつつ店を出ていきました。

ペアのお客様によくある光景です。購入の意思が固まってきたのに、相手の意見で流されてしまうという経験は誰しもあるでしょう。**大切な人からほめられないような商品を買うのに躊躇《ちゅうちょ》するのは自然なことです。つまり、購入の決定権が必ずしも本人にあるわけではない**のです。同伴しているお客様の意見を早期に聞き出し、接客に反映させるためには、どのようにしたらいいのでしょうか？

前述の例では、男性のお客様は話に参加することができず、手持ち無沙汰です。そのため女性のお客様は購入に乗り気な一方、男性のことが頭にちらつき焦ってしまいました。

このような事態を避けるには、同伴しているお客様にも話しかけて巻きこんでいくようにします。このケースなら「こちらのネックレス、お似合いになりますよね。お客様はいかがですか？」と話しかけてみます。また、色で迷っているときは「お客様はどちらがいいと思いますか」と話を振ってみます。**自然と接客の会話に入ってもらえるような状況をつくり出せば、同伴の方も退屈せずに商品選びができます。**

また、同伴の方を巻きこむことで購入をためらうお客様に「この店員さんがすすめてくれているんだし、いいんじゃない」と助言してもらえるかもしれません。第三者からの意見は購入に大きく影響するため、決定の大きな手助けになります。

あっという間にカップルと仲良くなる後輩スタッフがいました。彼女が夫婦を接客したときのことです。そのスタッフから「旦那さまは、どちらがお好きですか」と声をかけられるまで、男性はそっぽを向き退屈そうにしていました。しかし、いつの間にか接客の会話に引き込まれていたのです。

旦那さまは「最近妻がパンツしか履かない。スカートを履いてもらいたいんだけどな」という本音をチラリとのぞかせました。そこで、双方の意見を聞き出しながら、スカートのコーディネートを提案しました。最初は照れ臭そうにしていた奥さまも、旦那さまの後押しで試着をすることにしました。

実際に着てみると奥さまは別人のように変身しました。その姿を見て喜ぶ旦那さまと、照れ臭そうにはにかむ奥さまの光景を見た後輩もまた、手ごたえをつかんでいたようでした。

同伴のお客様は興味がないのではなく、会話のきっかけがつかめないだけということがよくあるようです。それは異性のお客様に限らず、同性のお客様にも共通しています。**積極的に「お客様はいかがでしょう？」「どちらがいいと思いますか？」などと声をかけて、接客を助けてもらいましょう。**

先ほどの例でもまた、「旦那さまは、どちらがお好きですか？」と定期的に話を振っています。奥さまと旦那さまの意見を伺いながらニーズを整理し、提案していくことで二人からの満足感を得ることができたのです。

お試し中のお客様にも聞こえる声で話す

ちなみに、その後輩はカップルが試着する際に留意していることが他にもあります。試着中のお客様にとっては「私を待っている間、何を話しているんだろう？」と不安に思うこともあるでしょう。そこで試着室の近くで「試着中のお客様が聞こえるように話す」「話題は、試着中のお客様について話す」というルールを設けているのです。試着に限らず、お客様が会計など一時的に席をはずすケースも当てはまるでしょう。「今日はお二人でどちらにお出かけですか？」といった話題を振れば、接客にも使える情報を手に入れることができます。また、いい意味で自分の話題が上がれば、席をはずしているお客様もうれしく思うでしょう。

ペアのお客様を接客するときには、片方のお客様に話しかけるのではなく、同伴のお客様を巻きこんで接客することを心がけましょう。時には味方になりますし、本音を引き出して提案方法の参考にすることもできます。そのために、積極的に意見を引き出すような質問を投げかけていきたいものです。

同伴のお客様にも接客に参加してもらう

NG

同伴の方を無視

同伴のお客様としても「自分の居場所がない」と思うはずです。接客を受けているお客様も、退屈そうな同伴者が気になって買い物に集中できないでしょう。

OK

（同伴の方にも）「どちらがいいと思いますか」

同伴のお客様にも話しかけ、意見を伺って、会話に参加してもらいましょう。商品を購入するお客様だけではなく、同伴の方もお客様という意識を持ってのぞみましょう。

24 お客様の仕草から本音を読む

お客様に商品を試してもらうことは、接客には欠かせません。衣料品を試着したり、化粧品を試したり、ソファに座ってみたり、スーパーでは試食や試飲、家電量販店ではスピーカーからの音を聞いてもらうなど、業種にかかわらずお客様に実感してもらうことが、購入のチャンスを広げます。その際、みなさんはお客様にどのように声をかけていますか？　お客様が試した感想を受け、本音を引き出しながら、代替品やセットアイテムの提案をしていきましょう。

すごく似合っているのに買わないお客様の本音

ワンピースをフィッティングルームで試着していたお客様がいました。普段はパンツスタイルが多いとのことで、試着前から「ワンピースって着たことないな。大丈夫かな」としきりに心配しています。私もドキドキしながらお客様が着替え終わるのを待っていました。

試着後、お客様がフィッティングルームから出てきました。心配するまでもなく、お客様はとてもステキにスタイルよく着こなしています。「うわぁ、とっても似合いますね」と満面の笑みで対応しました。一方のお客様は、何だか浮かない顔です。それでも「似合っていると伝えて、自信をつけてもらえれば、きっと満足して買ってくれる」と思い、「『ワンピースは不安だ』っておっしゃっていましたが、大丈夫ですね」「足、きれいですね」と、積極的に声をかけました。

しかし、一方的に話しかけていれば話のネタも尽きるものです。私は何を話せばいいのかわからず、沈黙の時間が訪れました。その間もお客様は、振り返ったり、スカートを引っ張ったりしながら、鏡の前でずっとワンピース姿をチェックしています。しばらくして、ため息を小さくつきながら「やっぱり丈が短かったです。今日はやめておきます」と、フィッティングルームへ帰っていきました。私は、お客様の悩みを解消できないまま、試着の時間が終わってしまったことを悔やみました。

販売員から見ればとても似合っているし、非の打ちどころがない場合でも、お客様

にとってはしっくりこなくて、納得できないときもあるでしょう。そのようなときには、何らかの原因があります。もしくは、自分ではその理由がわからない違和感があるのかもしれません。いずれにせよ、お客様の気持ちを無視して一方的にすすめていては、接客に満足してもらえないでしょう。

お客様の仕草から「サイン」を読み解く

お客様の違和感をキャッチするには、相手のサインを見逃さないようにすることが求められます。冒頭の例であれば、お客様が「浮かない顔」「振り返っている」「スカートの裾を引っ張っている」ことがサインです。

「浮かない顔」は何かに違和感を覚えている証拠でしょう。「振り返っている」「スカートを引っ張っている」という仕草からはスカートの短さを気にしていることがうかがえます。スカートを引っ張りながら「あと五センチ長ければ、膝が隠れるのに」とか「後ろ姿を確認したけど、やっぱり短いよね」と、心の中で様々な思いを巡らせています。

このほかにも、口紅を試しているときに「何度も鏡をのぞいている」、ストールを試しているときに「落ち着かない様子で何度も巻きなおしている」などが挙げられます。このように、お客様は様々なサインを出しているものです。その際は、ほめ倒したり、積極的に押したりするのではなく相手を思いやるひと言をかけたいものです。

悩みを解消するための提案をする

先日、ある店でコートを試着しているお客様を接客する様子を見かけました。羽織ったものは、サイズもちょうどいい様子でお客様によくお似合いです。

しかしお客様は、やや腑に落ちない表情で肩のラインを気にしていました。そこで、販売員は「お客様にサイズもよく合い、雰囲気にぴったりと私は感じています。でも、もしかしたら肩に気になる点がおありではないですか」と、確認をとったのです。お客様は「そうなの、実はこういうコートを着ると肩が大きく見える気がして……」と気になる点を話し始めました。

その後、代替品やコーディネートの提案をしながら、肩の悩みを解消できるような接客に切り替えていました。お客様の要望を聞き出しながら接客を進めていましたが、販売員の言葉にうなずきながら真剣に話を聞いている様子が印象的でした。

売れる販売員はお客様の腑に落ちない表情を見たら「ステキだと私は思いますが、気になる点はございませんか？」と声をかけます。**失礼ととらえられないよう、「私はいいと思う」とクッションを置いたあと「気になる点」の有無を確認します**。話すきっかけができれば、お客様も考えていることを打ち明けやすいはずです。

商品を試してもらったあと、お客様の気持ちを盛り上げるために一方的に話をしていませんか。お客様の表情や仕草を見ることが、お客様の気持ちを知る手掛かりになることを意識しましょう。サインを無視せず、お客様を思いやるひと言を心がければお客様の信頼感もアップすることでしょう。

「あの人にサイズを見てもらってよかった」「自分だったら、あのままいつもの色を買うことになってた」というように「試してよかった」と思ってもらえるような接客を目指したいものです。

お客様の声にならない言葉をくみ取る

NG

「似合いますね」「大丈夫です」

（試着後、腑に落ちないところがあるのに）

商品を試したお客様が、納得していない表情でも、おかまいなしに肯定的な声をかけていませんか？　いくらほめられても、心配なことがあっては購入に踏み切れません。

OK

「私は○○と思いますが、気になるところはありませんか」

お客様がしっくりきていない様子のときに、理由を聞き出すひと言です。「個人的にはいいと思いますが」というクッションを置きながら聞けば、お客様は本音を打ち明けやすいはずです。

25

「これしかないですよね？」への応え方

お客様の要望は多岐に渡ります。体型や仕事の内容・出かける場所・好みなど、お客様が望んでいることすべてをカバーするのは至難の業です。そのため、自店でぴったりくるアイテムが用意できない場合もあります。「このカバンに外ポケットがあったらいいのに」とか、「このデザインで違う色があれば」といったお客様の要望が出てきた場合、みなさんはどのように対応していますか？

販売員のノウハウで商品のデメリットを解消できる

二十代の女性が、コートを試着していたときのことです。かなり体型が華奢《きゃしゃ》なお客様で「コート選びには苦労している」と言います。案の定、店で一番小さなサイズのコートを持ってきても、そのお客様にはやや大きいように感じました。しかし、**デザ**

インを大変気に入ったようで、「サイズさえ合えば、すぐ購入するのに」と言いながら迷っている様子です。私は、何度も鏡の前でシルエットを確認しているお客様の横で何も言えずにいました。「これより小さいサイズのコートがないから、しょうがないよね」と思っていたのです。

お客様はひとしきり鏡でチェックしたあと、あきらめきれない様子で「やっぱり大きいですよね」と聞いてきました。どうしたらいいかわからない私も「そうですね、こちらの店では、そのコートが一番小さいので」と応じました。お客様は「うーん」とうなったあと、「やっぱり、やめておきます」と名残惜しそうに店を後にしました。

とても気に入った商品であっても、妥協できない部分があれば、なかなか購入に踏み切れないでしょう。前述のお客様もまた「デザインがとても気に入っているのに、サイズが合わない」ことで、購入をあきらめました。しかし、**お客様が感じているデメリットは、販売員が持つノウハウで解消できる場合もある**のです。

お客様は「やっぱり大きいですよね」「他にはないですよね」と言いながらも「別の商品を期待している」とは限りません。迷っている商品をどうしたら、希望に近い形で使用できるか、販売員からのアドバイスを待っています。例えば、サイズが大きく見えるなら「中に厚手のニットを着る」「袖を折り返すと、バランスがよく見える」といったことで対処できることもあります。そうした提案もせずに、「他には提案できるものがありません」と突き放されれば、お客様もあきらめるしかありません。

他に提案できる商品がなければ、お客様の不安点を軽減する方法を考えてみましょう。「靴が大きければ、中敷きをすすめる」「家具の角が気になる場合は保護シートの目立たない貼り方を説明する」といった方法があります。また、みなさんも同じ商品を使用していれば一般には知られていない、とっておきの対処法を伝えることができるでしょう。

他の用途を説明すればお買い上げにつながる

私が、旅行先で酒器を見つけたときの話です。とてもステキなデザインで、一目見てとても気に入りました。しかし「家でめったにお酒を飲まないのに、酒器を買っても使う機会がない」と、購入をためらってしまいます。酒器を手にしたまま、しばらく迷っているとスタッフが近づいてきました。「酒器をどうして使っていいかわからなくて。他のアイテムで同じデザインはありませんか」と伝えると、スタッフは「なるほど」といった表情でうなずきます。「こちらのデザインは、酒器しかないのです。でも、お酒を入れる以外にも様々な使い方ができますよ」と教えてくれました。お酒を入れる以外にも、ドレッシングを入れたり、花瓶にしたり、私が家で使えそうなアイデアを色々と提案してもらいます。「それならムダにすることはなさそうだ」と納得し、安心して購入することができました。

通常だと「他のアイテムはありません」で終わらせてしまうところを、他の用途を説明することで購入に結びつけています。この例に出てくるスタッフも、この酒器を自宅で利用しており、自分なりの使い方を見つけていました。スタッフならではの使用法を聞くことで「そういう使い方もあるのか」と、得をした気分になることができたのです。

一度あきらめかけた商品を買えたときの喜びはひとしおです。**その人が感じている不安点を払拭できれば、販売員への信頼感も増す**でしょう。また、そのような体験が印象に残り、顧客化へとつながります。

一つ重要なことを付け足すとすれば、アドバイスがあっても、どうにもならないケースです。「結婚式のゲストドレスを探しているが、白しか用意できない」「その化粧品をつけると、湿疹ができる」といった例が挙げられるでしょう。このような、そもそもすすめるのに無理がある場合は、他の商品をおすすめすることが求められます。無理やり購入を促すのではなく「その商品を買うことで、お客様がいい体験をすることができるか」が迷っている商品をそのまますすめるのか、代替品を提案するのかの分かれ目なのです。

お客様の「これは、他のアイテムはないですよね」「これより大きいものってないですよね」といった要望が出た場合は、「ないです」で終わらせないようにしましょう。自分なりのアドバイスをして、「それなら大丈夫」とお客様に納得してもらえば、安心して買ってもらうことができます。「気に入っているけど、どうしても妥協できない部分がある」と感じている様子のときは、お客様に寄り添い、親身になって解決していきたいものです。

ご用意がないときの対応こそ腕の見せどころ

NG

「ご用意は、それしかないので……」

お客様が「同じデザインで、他のアイテムはないですよね」と確認してきたときに、販売員がよく使う言葉。やや突き放された印象を与えてしまうので、注意が必要です。

OK

「あいにく、そちらしかないのです。でも～（提案）」

お客様がどうしてもあきらめきれないときもあります。その際には他の提案をします。「肩幅が気になるなら、ネックレスで視線が散りますよ」といった、解決策を伝えてみましょう。

26

レジはお客様と仲良くなるチャンス

レジでの会計を正確に行ない、商品をすばやくきれいに包むことは販売員に求められる最低限のスキルです。手元に集中し、テキパキと動くことで好感を持ってもらえます。一方で、レジは購入決定後の、最後のコミュニケーションの場でもあります。お客様へ接客の印象を深め、再来店していただくために、レジの時間もお客様との時間ととらえたいものです。

「店内をご覧になってお待ちください」は不親切？

ギフトシーズンのある日、お客様のプレゼント選びをお手伝いしました。「ああでもない、こうでもない」と言いながら売り場中を歩き回り、ようやく満足できるプレゼントを選んだのです。お互い会話も盛り上がり、距離が近づいたと感じていました。

お会計が終わり、ギフトラッピングにとりかかります。「時間は五分くらいだけど、お客様にとっては長く感じるかな」と思った私は「**よろしければ、店内をご覧になってお待ちください**」とお伝えしました。すると、お客様はやや面喰った様子です。「えっ、ああ、はい」と返事をしながら、レジから少し離れたところでじっとラッピングが終わるのを待っていました。私は、てっきりお客様はお店を回りながら時間をつぶしてくれると思っていたので、お待たせしていることに焦ってしまったのです。そのため、いつもはすぐできるラッピングも手間取り、倍の時間がかかりました。会計前は「あなたと一緒に選んでよかったわ」と言ってくれたお客様も、まるで「いつまで待たせるの」といった表情です。お客様とせっかく良好な関係をつくれたと思ったのに、レジでの応対で手間取ったせいでお客様の心が離れていくのを感じました。

「店内をご覧になってお待ちください」という言葉は、定番フレーズの一つです。店内を十分に見ていないときや、気になる商品がある場合は、親切に感じます。反対に、**すでに店内を十分に見終わったあとは、見る場所が見つからない**でしょう。前述のお客様は戸惑い、レジの近くでラッピングを待つしかありませんでした。

また、店内をくまなく、じっくり見たお客様は販売員を含めた、「店」に対しても興味がふくらんでいます。場合によっては販売員と会話を交わして店や販売員についてもっと知りたいと考えているかもしれません。そのような人に「店内をご覧ください」とご案内すれば「事務的」「冷たい」という印象を持つでしょう。ここはできれば「お客様に自分や店のことを伝える場」と意識し、レジの応対方法を見直したいものです。

レジで会話をするだけでお客様から「また来ますね」

そこで、「店内をご覧になってお待ちください」の代わりに、**商品を包みながら、お客様と会話を交わすこと**を心がけます。

店の誰よりも顧客づくりが得意なスタッフがいました。人一倍、話術が巧みだというわけではありませんが、彼女の接客を受けたお客様は、決まって数週間後に来店します。かねてから不思議に思っていた私は何か特別なことをしているのか、その秘訣を聞いてみたのです。

後輩は「レジで、会話をするだけ」だと言います。「接客で話しきれなかった話題」

や「実は最後の一点だったんです」という話題でも何でもいい。とにかく、**手元を動かしながらお客様と会話をすることが大切**だと教えてくれました。「レジでは、購入決定後に『買わされる心配』がなくなり、お互いがざっくばらんに話しやすいんです。お互い意外な一面を知ることができます」と話してくれました。

お客様が並んでいるときや、込み合っているとき、お客様が急いでいるときは、迅速なレジ応対が求められます。一方でこの話にあるように、レジこそお客様との会話を大事にしたいと考えさせられます。

お客様と話しながらも金銭授受は正確に

商品を包みながら、お客様と会話をする際は以下のことに気をつけましょう。まずは、金銭授受は正確に行ないます。**レジを打つ際は「では、お会計させていただきます」と一声かけ、間違いがないよう集中しましょう**。そして、商品をたたみながら傷や汚れもていねいにチェックします。せっかくの楽しい会話も、持ち帰った商品が不良品ではお客様をがっかりさせてしまい、台無しになるからです。これらに気をつけて、お客様と会話を楽しみましょう。

作業しながら会話するのが苦手な人には**「ながら会話トレーニング」**がおすすめです。「料理をしながら、料理のつくり方を口に出して解説してみる」「ゲームをしながら、人と会話をしてみる」といった、何かをしながら誰かと会話をしてみる方法です。もしくは、ラッピングの練習をする際、誰かと話しながら練習すると、自然と会話しながらの作業が身につきます。時折、相手の顔を見るようにすれば、お客様の顔を見ながら作業することの練習にもなるでしょう。

「店内をご覧になってお待ちください」という言葉よりも、お客様が待っているものがあります。それは、みなさん自身のことや、みなさんとお客様とが共有する時間です。そして、お客様がまた来店してくれるように、気持ちを込めて応対したいものです。

レジの会話でお客様との距離を近づける

NG

「店内をご覧になってお待ちください」

お店でじっくり商品を見て検討したあとや、お客様との会話が盛り上がっているときには避けましょう。マニュアル的な言葉でもあるので事務的と思われることもあります。

OK

「これから、どこへ行くんですか」

商品を包むときに、こちらから話しかけるようにします。親しみやすい印象を与えられますし、作業の進捗を目で確認しているため、待ち時間が短く感じられます。

27 ポイントカードをつくってもらうには？

百貨店やショッピングセンター、駅ビルなど、ほとんどの商業施設でポイントカードを発行しています。中には店それぞれに獲得目標が定められ、店一丸となって獲得に励んでいる場合もあるでしょう。お客様のリピートにもつながるポイントカードは積極的におすすめしたいものですが、苦戦しているお店もあるようです。

カードをつくってもらえる販売員はメリットを話す

あるショッピングセンターで店長を務めていたときのことです。そこでは、定期的にポイントカード獲得コンクールがありました。優勝した際の商品が豪華なこともあって盛り上がります。私も「うちの店も優勝目指すぞ」と、スタッフと共に意気込んでいました。しかし、スタッフがどんどん獲得していくなかで、私一人だけポイントカードを獲得できません。店長であるにもかかわらず、まったくうまく獲得できないことに相当の焦りを感じていました。

会計のときに「**お客様、◯◯カードはお持ちですか**」**と聞くと**「**いえ、持っていないです**」**という返答**があります。「今度こそ」と思い「おつくりしますか」と聞くと「大丈夫です」というやりとりで終了です。「大丈夫っていうことは、いらないっていうことだよね」「どうせ、カードなんてたくさん持っているよね」と思って、カード獲得を半ばあきらめかけていました。

カードをお客様につくってもらえる人と、つくってもらえない人の差は一体どんなものでしょうか？　それは、**レジでおすすめする際の些細な差**であるようです。

前述の例ではお客様が「カードを持っていない」と答えたことに対して「おつくりしますか」と聞いています。一見正しいように思いますが、カードをつくることによって、お客様にどのようなメリットがあるかが伝わりません。自分に得があるかどうかもわからないポイントカードを、無条件で「つくります」と言えるお客様は少ないでしょう。お客様にポイントカードをすすめる際は「**お客様がつくりたい**」**と思うような、メリットをわかりやすく簡潔に伝える**必要があります。

前述のポイントカード獲得キャンペーンで、一日に何枚もカードをつくってもらっているスタッフがいました。あまりにも調子よく、獲得できていることが不思議でなりません。そこで、そのスタッフがカードをすすめている様子をこっそりのぞいてみることにしました。

スタッフは「お客様、○○カードはお持ちですか」と聞き、お客様は「ないです」と答えています。ここまでは同じですが、違うのはこの先でした。「こちらは溜まったポイントを、そのままお会計で使えるカードです。発行しましょうか」というように「つくりませんか」の前にメリットを伝えています。これを聞いたお客様は「え？ポイントって、どのお店でも使えるの」というように、興味を持った様子です。すぐに断られてしまっていた私の応対と比較すると、お客様の反応がまったく違うことがわかるでしょう。

このように「つくりますか」の前に、おすすめするカードのメリットを説明します。この例のカードはクレジット機能付きでしたが、なかにはクレジット機能がない場合もあるでしょう。その際は「**クレジット機能が付かない、無料のポイントカードです**」ということもメリットトークになります。その他にも「こちらでお買い物することが多いですか？　それならあったほうがお得ですよ」といったトークもあります。

お得な情報を話して、「しつこい」と思われる前に引く

ポイントカードの獲得枚数が多いスタッフの共通点は、まだあります。それは「大丈夫です」と言われてからも、**簡単にはあきらめない**ことです。さらに「お客様にとって得な情報」を付け加え、**それでも駄目なら「しつこい」と思われる前に引きます。**

例えば、「今日、○○円もお買い上げになっているので、ポイントが□□も付きますよ」というように、付け足します。お客様も「たしかにつくったほうがトクかなあ」と思って、つくるケースもあるでしょう。

ポイントカードをどうとらえているかによって、つくってもらえるかどうかも変わってきます。接客のクロージングの考え方と同じで「ポイントカードをすすめること」を「お客様に申しわけない」と思うか「お客様にぜひすすめたい、すばらしいカードだ」と考えているかが、明暗を分けます。

ポイントカードを「すばらしいカードだ」と思っている人はすすめる際の後ろめたさがありません。言葉にも表情にも自信が表われるので、お客様も「この人は本当に

いいと思っているから、すすめてくれているんだ」と考えます。

一方で「お客様に申しわけない」と思っている人は、自信のなさが表われてしまいます。お客様も「ノルマがあるのかな」「裏がありそうだから、やめておこう」と思うはずです。すすめるポイントカードを「デメリットも含めて知る」「実際に使ってみる」などして、使用感を確かめれば、お客様へより自信を持ってすすめられます。

ポイントカードの獲得に苦戦したら、お客様にメリットが伝わる工夫ができているかを見直してみましょう。そのためには、**ポイントカードに対する知識を深め、どこが一番の売りなのかを確認します**。それをもとに、お客様に簡潔に伝わるような言い回しを考え、「持っていない」と答えたお客様には積極的にすすめていきたいものです。

ポイントカードのメリットをお客様に話す

NG

「（ポイントカードを）つくりますか」

ストレートに聞いても「いらない」と思うお客様が大半です。また、すすめる販売員も「どうせつくってくれないよね」といった先入観がある場合が多いようです。

OK

「貯まったポイントを、すぐに買い物で使えるカードですが、つくりませんか」

カードのメリットを伝えると、お客様の興味もわきやすいでしょう。その際、誤解を招かないような言い回しにします。

28

お見送りを「ありがた迷惑」にしない

会計を済ませたあと、「それでは、お出口までお見送りします」と、お客様を誘導することは一般的になっています。お見送りするまでが接客であり、「お越しくださりありがとうございます」という気持ちを伝えるうえで、欠かせないことでしょう。

一方で「お見送り」に苦手意識を持っているお客様もいます。

お店でのお見送りは「ありがた迷惑」？

先日、ラジオを聞いていたときのことです。視聴者からのメッセージを紹介するコーナーがあり、その日のテーマは「ありがた迷惑だと思うサービス」でした。リスナーからの投稿で、お店でのお見送りに抵抗があるという意見が紹介されます。DJやゲストも「あ、これ恥ずかしいよね。五〇〇円くらいになったセール品とかでも、見送られると仰々しいっていうか」と賛同していました。

ラジオを聞きながら私もまた「お店の人って、出口まで見送ってくれるけど、そういうふうに教育されてるの？」と友人から聞かれたことを思い出していました。出口まで見送ってくれることに疑問を持っているお客様は少なくないようです。

お客様のためと思って行なっているお見送りに、なぜネガティブイメージがついてしまったのでしょうか？　それは**お客様を「わざわざ申しわけない」という気持ちにさせてしまう**からです。「お客様のためにお見送りをします」といった感謝の気持ちを押しつけがましいと感じているとも、とれます。

また、お見送りをしてもらっている間、沈黙すると気まずいという意見もあります。特に会話もなく、出口についたら商品を渡されて別れる、という一連の行動は意味がないと思われても仕方がないかもしれません。

それではお見送りはしないほうがいいのかというと、決してそうではありません。むしろ**レジ応対同様、お客様に好印象を持ってもらう絶好のチャンス**です。そのためには、販売員自身の考え方を少々転換してみる必要があります。

少し考え方を変えて**お客様をお見送りするときは「お客様のため」ではなく「自分のため」というスタンス**を持ちましょう。通常、接客はお客様のために行ないますが、このときは別です。「お客様ともっと話がしたいです。出口までの短い時間ですが、もうちょっと一緒にいていいですか」といった気持ちでのぞみましょう。離れがたいといった気持ちが伝われば、お客様も「そんなふうに思ってくれているなら、出口まで一緒に行きましょう」と思うはずです。このような気持ちを伝えるなら「**お出口までお見送りいたします**」**ではなく**「**お出口までご一緒させてください**」と言葉を選ぶといいでしょう。

お見送り上手販売員の「エンドロール・トーク」

出口までの時間を楽しく過ごしてもらうために「**エンドロール・トーク**」を行ないます。「エンドロール・トーク」とは、**お客様と接客中に話した内容を振り返るトーク**のことです。由来は、映画や結婚式（披露宴）でのエンドロールにあります。最後にエンドロールを見ながら、映画や結婚式を振り返り「ああ、いい映画だったな」とか「ステキな結婚式だったな」と思ったことはありませんか？　このように、そのときあったことを思い出すことで接客を印象深くできます。テレビ番組でも「今日は、〇〇特集をお送りしました。ではまた、明日」という感じで締めくくりますが、このような効果を狙ったものです。これを、接客でも取り入れていきましょう。

私がよく利用するショップの販売員もまた、お見送り上手の一人です。「**じゃあ、せっかくなので、出口までご一緒させてください」と言い、誘導してくれます。**前を歩きながら私のほうへ身体をねじり「そう言えばさっき、これから飲み会って言ってましたよね」「苦手だった紫、克服できましたね。家に帰ったら、お持ちのグレーのストールと合わせてくださいね」など、二人で話した会話を振り返ります。私も「ああ、今日はそんな話をしたなあ」と思いながら、いつの間にか出口です。他の販売員であれば長く感じる出口までの時間が、この販売員に見送られるとあっという間なのです。こうして、お互い「じゃあ、また今度」と挨拶しながら別れ、私も「今日もよくしてもらったなあ」と満足感いっぱいの気分で帰ることができました。

このように接客の後味を残すことにおいて、お見送りトークは欠かせないものです。家に来た友人を玄関先まで見送るのと同じ感覚で、アットホームなお見送りをしていきたいものです。

余談ですが、店内が忙しく、お見送りもままならない場合もあるでしょう。そのようなときは**「出口までご一緒したかったのですが、（他のお客様がお待ちなので）こちらで失礼いたします」**とひと言添えるとていねいな印象です。バタバタと、次のお客様の会計に移れば「今日は忙しいから相手にしてもらえなかった」といった不満を抱く人もいます。慌ただしいときはひと言添えると、お客様も快く理解してくれます。

お客様にとって意味のない出口までのお見送りは「ありがた迷惑」かもしれません。しかし「最後までお客様との時間を大切にしたい」というみなさんの気持ちが伝われればお客様の受け取り方も変わるでしょう。お客様が楽しく帰ることができるように、お見送りもコミュニケーションの場ととらえていきましょう。

お見送りで恥ずかしい思いをさせない

NG

「お出口までお見送り致します」

接客についての疑問を聞くと、決まって出てくるのが「意味のないお見送り」。その一方で、見送らないと「なんで!?」と思われることもあります。

OK

「お出口までご一緒させてください」

押し付けではなく「最後まで、お客様と一緒にいたい」という気持ちを伝える言葉です。「見送ってあげている」のではなく「見送りさせていただいている」という謙虚な気持ちが大切です。

29

お客様に喜ばれるほめ方

お客様との距離を縮めるために、持ち物や容姿をほめることがあります。「ほめられて人は悪い気はしない」といいますが、本当にそうなのでしょうか？

接客セミナーで「自分が受けた接客のなかで、苦手だと感じたことは何ですか」と受講者に質問することがあります。すると**「わざとらしくほめられること」に対して、嫌悪感を示す人も少なくありません。**みなさんのほめ言葉はどのように伝わっているのでしょうか？

■「ほめる」なら誰でも気づくところは避ける

友人と買い物に出かけたときのことです。その日、友人は大ぶりのピアスをつけていました。個性的でキラキラと目立つもので、誰から見ても一番に目に入ります。その日は二人で一日中、いろいろな店を回りました。すると、友人が接客を受けるときは決まって「そのピアスかわいいですね」とほめられるのです。ファッションセンスのいい彼女をほめる場所はたくさん見つかるはずなのですが、不思議とその日はピアスのことばかりでした。

最初のうちは、友人はニコニコと応じ、まんざらでもない様子でした。「はい、気に入っています」と、ていねいに受け答えしています。ところが、何人かに同じところをほめられるうちに「ああ、はい」という、あっさりした返答へ変わっていったのです。それを見て私は「まるで『もう、うんざり』って感じだな」という印象を受けました。

せっかく相手をほめても、うんざりさせるなら逆効果です。本来うれしいはずのほめ言葉が、逆効果になったのはなぜでしょうか？　それは、ほめることに義務感がある人ほど、誰でも気づくような箇所をほめがちだからです。

ほめることでお客様との距離を縮め、円滑に接客ができることは、接客のセオリーの一つです。ところが、ほめることが目的になってしまうと、「目についたところは早くほめなければならない」という癖がつくのです。どの販売員もそのようにほめていれば、自然とほめる箇所が重なります。毎回同じところをほめられればお客様にも慣れが生じてくるでしょう。なかには「売るためにほめている」と気づくお客様もいます。その結果、白々しい空気が流れることもあるのです。

自分が本当にステキだと思うポイントをほめる

お客様との距離を縮め、信頼感を得る「ほめ方」とはどのようなものでしょうか？まずは**「目立つからほめる」ではなく「自分が本当にステキだと思うポイントをほめる」ことを意識しましょう。**「ほめなきゃ」と思うと、お客様の表面的な部分をとらえがちです。しかし、会話をしつつ落ち着いて相手を見れば、他にもほめるポイントが見つかるものです。誰も気づかないところをほめてもらえれば、お客様もうれしいはずです。

しかしながら、目立っている部分を「やっぱりステキだ、そこをほめたい」と思うこともあるでしょう。そのようなときは、言葉を「ちょい足し」するのがおすすめです。例えば「先ほどから気になっていたんですが」「もしかしたら『趣味が似ているのかな』と思っていたのですが」というようなひと言です。

これは「お客様が身につけていたものが、あまりにもステキだと思いました。だから、どうしても言いたかったのです」というニュアンスが伝わります。他の人と同じような箇所をほめても、本当にステキだと思ったことが伝われば、お客様も喜んでくれるでしょう。**自分なりの言葉で伝えれば「ほめないといけない」という押しつけがましさも感じられなくなる**ものです。

冒頭の友人の話には続きがあります。その日、最後に立ち寄ったショップでの出来事です。接客中、販売員から友人へ「すみません、さっきからどうしても聞きたいことがあって……。そのニット、とってもステキですね。どこで買ったんですか」と話しかけられていました。

その日はピアスの話ばかりです。突然のニットの話題に少々びっくりしつつも、友人はうれしそうな笑顔で応じました。「実は、このニット昨日買ったばっかりで、今日一番のお気に入りなんです。店員さんと気が合うかもしれないですね」という会話からお互いよく足を運ぶショップの話になり、会話も盛り上がっていました。

販売員がどれだけそのニットをステキだと思っていたかが伝わってきたことと、他の販売員とは違う部分をほめられたことで、友人はとてもうれしそうでした。自分が着ていたニットに合わせてボトムを買い、その後も顧客として店に通っているそうです。

その販売員は、たどたどしい接客ながらも、自分が感じたことを素直に、一生懸命、伝えている印象を受けました。「心からほめてくれた」ことで、友人に販売員に対しての信頼感をもたらしました。

「ほめれば、必ず売れる」というわけではありません。お客様は心からほめているかどうかを敏感に感じ取るからです。マニュアル的に表面をほめるのでは、自分の気持ちは伝わらないでしょう。本当にステキだと思ったところを、自分なりの言葉を添えて伝えることで、お客様は喜んでくれます。

本当にほめたいときにほめる

NG

一番目立つところをほめる

一番目立つポイントをほめると、適当にほめていると思われることも少なくありません。どの販売員も同じところをほめていることもあります。

OK

（ほめる前に言葉を足す）

「先ほどから気になっていましたが……」

お客様を心からほめると、どれだけステキだと思っていたかが伝わります。ほめたときに押しつけがましい印象にならないように、このような言葉を添える癖をつけましょう。

Column 4

「カード」はお客様の名前を呼ぶチャンス

売れる販売員は、お客様との距離を縮めるための工夫として、「お客様を名前で呼ぶ」ことを意識しています。

とはいえ、慣れない間は接客中に名前を伺いにくいでしょう。そこでぜひ利用してもらいたいのが「ポイントカード」「クレジットカード」を使用した会計のときです。カードに記載してある名前をチェックし、名前を呼びます。

名前に関する話題は盛り上がることも多いでしょう。「私と同じ名前です」「きれいなお名前ですね」と伝えると、応じてくれるお客様も多いようです。レジでのトークは印象を残すものですし、「接客のときには、盛り上がりに欠けたな」というときも挽回のチャンスです。そのことを意識しながら、距離を縮めてみましょう。

そもそも「○○様、カードをお返しします」と声に出して伝えるのは、渡し間違えがないようにするための配慮でもあります。たまに「お客様の名前を勝手に見ては失礼にあたる」とご指摘を受けますが、そのような意図があることを知れば、決して失礼なことではありません。もし「なぜ、名前がわかったんですか」と聞かれたら「お渡しに間違えがないよう、名前を確認させていただいております」と説明すればいいのです。

お見送りをする際は「○○様、今日はありがとうございました。私は□□と申しますが、またお会いできることを楽しみにしております」と伝えます。お客様と長くお付き合いをしていくために、お互い名前で呼び合える接客ができることが理想です。

第5章

ずっと大切にしたい接客の基本

30

お客様を引き寄せる表情をつくろう

笑顔でいることは接客の基本中の基本です。お客様に気持ちよく接客を受けていただくためには、感じのいい表情は欠かせません。笑顔を意識している販売員が多くいるなかでも、「笑顔の達人」として一目置かれる人たちがいます。そんな人たちは、売り場でお客様を待っている間、自然とお客様を引き寄せます。いったいどのようなことを意識しているのでしょうか。

「不安な気持ち」は表情に出るもの

新入社員になって最初に配属された店は、一日に二人で勤務する小さな店舗でした。休憩は交代でとるので、店で一人になる時間が一日に何回かあります。先輩がいなくなり店で一人になると不安で仕方がありませんでした。

「何かトラブルがあったらどうしよう」「わからないことがあって聞かれたらどうしよう」と思うと、人から見てもそわそわと落ち着かない様子になってしまいます。ある日、先輩から「**不安な気持ちが顔に出ているよ**」と注意を受けました。なるほど、鏡を見るといまにも泣きだしそうな顔です。先輩が言うとおり「これではお客様が入りづらいよね」と思った私は、次の日からとびきりの笑顔を用意することにしました。

さて、それでお客様の入店は増えたのでしょうか。残念ながら、入店は増えませんでした。通路にいるお客様に満面の笑顔を見せ、お客様と目が合えば「いらっしゃいませ」とニコニコとした表情で応対します。

しかし、私と目が合うとお客様はニコリともせずに目をそらしてしまいます。入店しそうなお客様に目を合わせようとすると、店を避けるように離れていきます。「こんなに笑顔を心がけているのに、なぜお客様は入ってこないのか」と、私はすっかり困惑してしまいました。

「笑顔はお客様を引き寄せる」はずなのに、遠ざけてしまったのはなぜでしょうか？　それは、笑顔が不自然なため、お客様に対し「入店してほしい」という下心が見え隠れするからです。**必要以上の笑顔をつくることで、お客様にプレッシャーを与**

えてしまったのかもしれません。

もちろん、硬い表情でお客様を待っていれば入店しにくいですし、居心地が悪いでしょう。ここでお伝えしたいのは、**笑顔も場面によって使い分けが必要だ**ということです。

口元だけ笑っている状態になっていませんか？

みなさんは普段の生活で「**笑顔の種類**」を意識したことがありますか。いいことがあったときに、自然とにやけてしまう笑顔、友人と会話中に出てくる大笑い、ほめられたときに『にんまり』としてしまう照れ笑いなど、笑顔にも様々な種類があります。店頭に立って、誰とも会話をしていないのに、歯を見せて笑っていたら、不自然な印象に映ります。このように店頭で待機姿勢をしている場合は口角をあげて、ふんわりと笑みをたたえた笑顔を意識してみましょう。擬音語で表わすと「ふわっ」が適切でしょうか。

ただし、この笑顔には注意点があります。「目元や頬骨など顔全体の筋肉を上に上げ、穏やかな笑みをたたえている」のと「顔の力を抜いて無表情になっている」ことの差は、自分ではわかりにくいものです。そのため、自分では「ふわっ」とした笑顔のつもりが、第三者から見たら「無表情」「口元だけ笑っている」という印象になりがちです。出勤前や営業中にちらっとミラーチェックをすることで、そのことをつねに意識していきましょう。ちなみに、売り場からバックヤードに入った際、顔の力がすっと抜けるのを感じたら、ふんわりした笑顔ができている証拠です。

歯を見せずに「口角」で笑顔に

売り場にいるだけで、お客様が呼び寄せられる先輩がいました。その先輩は、特別に声を張り上げたりしているわけではありません。いつも、口元が自然に上がり、優しそうな表情を浮かべていました。時に、通路を歩いているお客様と目が合うこともあります。そのようなときでも、お客様は店の前を離れず、不思議と吸い寄せられるように入店していました。その先輩がいるときにはお客様が絶えず来店するのです。

入店したお客様との会話になると、表情がくるくると変わります。お客様の話を親身になって聞いているときは真剣に、お客様が冗談を言ったときには白い歯を見せて楽しそうに笑っていました。メリハリの利いた表情の使い分けを見て、マニュアル通りにいつもニコニコとした笑顔を浮かべるのではなく、表情は使い分けることが大切なんだと学んだのです。

笑顔の使い分けとはすなわち、状況にマッチし溶け込む表情を意識することです。それには、上辺だけではなく心からの笑顔が必要かもしれません。何とかお客様を呼び入れようという焦りからつくる笑顔は、不自然な印象に見えてしまいがちです。入店したら買わないといけないかもといった不安をあおることもあるでしょう。お客様に安心感をもたらす自然な笑顔をつくるために、私たちはつねに状況にふさわしい笑顔を心がけたいものです。

不自然な笑顔は下心が見え隠れ

NG
「にかー」っとした満面の笑み

売り場で一人なのに、歯を見せて笑うのは、やや不自然な印象です。そのような状態で目が合うと「買ってくれるんだよね」といった下心が見え隠れしていると、思われかねないでしょう。

OK
「ふわっ」とした穏やかな笑み

口元が自然に上がっている穏やかな笑顔は、好感度が高いでしょう。「一人のときは、穏やか」「お客様と話しているときはイキイキ」といったように、笑顔を使い分けられるのが理想です。

31 待ち構えるとお客様は逃げる

「ご来店されたお客様には、必ず声がけをしましょう」

こう指導され、いつお客様が入店するか、いつ商品を手に取るかを気にかけて凝視している販売員は多いものです。しかし、その待機の姿勢が、お客様にストレスを与えてしまうことがあります。

お客様をじろじろ見ない

パソコンを買いに行ったときの話です。

家電量販店の品揃えのなかでも、パソコンは需要の高い商品です。確実に接客して商品を案内するために、お客様よりも多いスタッフが、売り場に待機していることもよくあります。広い売り場からパソコンコーナーにたどりつき、歩みを緩めると、大勢のスタッフが「いらっしゃいませ」と言いながら、視線を集めてきます。これでは、じろじろと見られて落ち着かないので、売り場をゆっくり見られません。その間にも、スタッフの一人が後ろをついて周ってきます。「どうせ下見だし、今日は帰ろうかな」と、結局パソコンに触れることなく売り場を後にしました。

パソコンを例に出しましたが、実際はアパレル、雑貨など、扱っている商品に関係なく、このようなことはよく見られます。販売員が売り場でお客様を待ち構え、入店してきたお客様に貼りつくスタイルは、多くのお客様にストレスを感じさせます。

お客様にとって、売り場は日常生活と隔てられた空間です。そのため、入店時に周囲の状況に敏感になっている場合もあるでしょう。そのなかで**一挙一動までじろじろ見られることは、ずっと防犯カメラで見られているような気分にさせてしまいます。**

お客様を迎え入れるときの三つのポイント

このような行動をとるのは、販売員は「売上を逃してはいけない」と考えているからです。たしかに、お客様にアプローチをしなければ接客は始まりません。しかし、やりすぎて「じろじろ見る」ようになってしまっては逆効果です。

お客様を自然に迎え入れるためには「忙しさを演出する」「チラ見の達人になる」「いきなり動かない」の三つのポイントを身につけ、アプローチのチャンスを増やしましょう。

①忙しさを演出する

売り場をのぞくと、販売員が手を前で組み、ゆっくり回遊している（もしくは、入口に向かって立ち止まっている）姿を見かけます。これでは、「入店したら、すぐに話しかけられそう」という印象を与えてしまうかもしれません。**お客様が入りやすい店とは、販売員が忙しそうで、自分が店内を回遊する余裕がある、〃隙のある〃お店**だといわれています。

そこで「商品をたたむ」「商品の位置を変えてみる」ことで、忙しさを演出しましょう。テキパキと動く姿に「あの販売員は、感じがよさそうだ」といった印象を与えることもできるでしょう。

また、お客様の後ろをついていく際も、作業しながら近づいていけば自然です。お客様は「販売員が自分から見てどの場所にいるか」を気配で察知します。「自分が自然な動作をしているか」は意識して行動したほうがよさそうです。

②チラ見の達人になる

お客様のことをじろじろ見ず、気配で何をしているのかを感じ取りましょう。みなさんが思っている以上にお客様のことを凝視してしまっているものなのです。

お客様をさり気なく見るには、まず**作業をしながら、五秒に一回くらいの割合で顔をあげる癖**をつけましょう。目で追うのではなく、たまに視界に入れる程度で、お客様の行動を把握するのです。

その際、気をつけないと、顔を上げた瞬間にお客様と目が合い、びっくりされることもあります。お客様と少しずれた方向で顔をあげ、お客様に向かって視線をゆっくりスライドしていくように心がけます。

③「いらっしゃいませ」のあと、すぐに動かない

販売員が「いらっしゃいませ」と声をかけるのは「私はお客様のことに気づきましたよ」とサインを送る意味合いもあります。「いらっしゃいませ」のあと、「すぐにお客様に近づくこと」には注意が必要です。なぜなら「自分に気づいてすぐに寄ってくる販売員」を見ると、お客様は「ロックオンされた」と思いかねないからです。

お客様に安心して、売り場をゆっくり見てもらうには、接客のためにお客様に近づ

いたことを悟られない工夫が必要です。「いらっしゃいませ」と声をかけたら、一呼吸くらいの間隔をおきます。そのあと、「たたむ」「商品をさわる」など自然な動作でお客様にゆっくりと近づきましょう。「その場所に用事があったので、偶然お客様と同じ方向に来てしまった」といったイメージです。**接客のために近づいてきたという印象を与えないことで、お客様の警戒心を解くことができる**でしょう。

「お客様がいつ商品を手に取るか」と、お客様に真剣なまなざしを向けることは、売上に対して真摯に向かい合っていることの表われですばらしいものです。一方で、そこに集中しすぎると、お客様の気持ちをないがしろにしてしまっているかもしれません。行動を変え、お客様にとって気持ちのいい環境をつくることで、声がけのチャンスは増えていきます。

お客様が自由に見やすい雰囲気をつくる

OK

お客様のことを「ちらっ」と見る

商品を自由に見やすい雰囲気をつくるために、作業をしながら待機します。さりげなくお客様のことを観察し、ちらちら見る癖をつければ、お客様も安心して商品を手に取ることができます。

NG

お客様のことを「じーっ」と見る

「お客様が来たぞ。接客しなきゃ」と思うと、獲物を狙うライオンのような目つきに。これではお客様も落ち着きません。また、後ろからついていく行動はお客様をうんざりさせてしまうため注意が必要です。

32

売り場をきれいにすると、お客様から嫌われる？

　商品を見やすく、選びやすくするためにいつもきれいに売場を整えておくことは、陳列の基本です。安くても質のよいものを求めているお客様が多い昨今、品質のよさを表わすためには美しい陳列が欠かせません。売り場を通りかかると、洋服をたたみ直したり、商品のボリュームを見せるために品出しをしたりと、メンテナンスに余念がない販売員の工夫をすばらしいと感じます。

　それとは反対に、ショッピングの際、販売員にやめてほしいことの一つとして必ず挙がるお客様の意見が「陳列作業中、商品が見づらい」というものです。また「見終わったものを片端から直されてしまうと感じが悪い」「陳列作業時に、通路をふさがれて、回遊しにくい」といったように、メンテナンスに関して嫌なイメージが多く聞かれます。

　私が閉店間際、一人で店番をしていたときのことです。その日は商品があと一点でも売れれば、予算達成。そこで、売り場のなかでも一番売れる場所を見やすくし、お客様が手に取るチャンスを増やそうと考えました。

早速、洋服のたたみ直しを始めます。「お客様が手に取りやすいよう、なるべく早くすませよう」と考えた私は、一心不乱に作業をしました。しかし、お客様は一向に商品を手に取る様子はありません。それどころか、お客様は「たたんでいる場所を避けて売り場を見ている」ということに気づいたのです。

時折、私の後ろで足を止めるお客様もいました。背中越しに商品を手に取ろうかと、遠慮がちに見つめているようですが、手に取らず素通りしてしまいます。そうしているうちに予算を達成できないまま、売り場は閉店時間を迎えてしまいました。

いくら売り場が整っていても、お客様が商品を手に取りにくい環境をつくってしまっては元も子もありません。この場合も、メンテナンスをする手元に集中し、周りが見えなくなることで、手に取りにくい状況を生み出してしまったのです。お客様は売り場を回避しながら、販売員の動きもよく見ています。ですから、「一生懸命、たたんでいるのに崩したら申しわけないかな」といった意識が働き、自然とその場所を避けるようになるケースもあります。

メンテナンスをしているコーナーにどうしても見たい商品がある場合は、近づいてみることもあるかもしれません。しかし、よほど気になるものでない限り、ゆっくりと検討するようなことはないでしょう。

一方で乱れたままの陳列では、商品を選びにくく、商品特性もうまく伝わりません。また、手持無沙汰でふらふらとしていては「あの販売員、暇そうだな。お店に入りづらい」と思われかねません。やはり、店頭に立つときは、メンテナンスが必要なのです。ここでは乱れた陳列を直しているときでも、商品を手に取ってもらいやすい待機の姿勢をどう整えるかについて触れていきましょう。

お客様が商品に興味をもった様子だったらすぐに離れる

お客様が入店し、自分が陳列を直しているコーナーに近づいてきたら「いらっしゃいませ」と挨拶します。お客様に体や顔を向けることで、お客様に気づいていて、配慮をする心構えがあることをアピールします。また、このようなアピールがあると、お客様もメンテナンスをしている商品を触りやすくなります。さりげない心遣いですが、こうした仕草で立ち止まるか素通りするかの決め手になるのです。

お客様が商品を手に取りたいという空気を感じ取ったら、そっとその場を離れ、別の場所をメンテナンスします。ここでのポイントは、お客さまから離れすぎない場所を選ぶことです。**お客様から見て、大股で二歩ほどの場所、横か斜め前を目安**にします。お客様が商品について聞きたいことがある場合や、こちらからファーストアプローチをすることを考えると、お互いに声をかけやすい位置です。

また、メンテナンスをしながら気をつけたいこととして「**通路をふさがない**」「**お客様が見たものをすぐに整えない**」ことも挙げられます。

作業に夢中になると、自分の目の前を通ったり、崩したりする人を「作業しているのに」と思うこともあるでしょう。早く作業を終わらせたい気持ちは十分わかりますが、そこはグッと我慢しましょう。崩されると整えるのにひと手間がかかりますが「自分が見ようとしているのに、販売員が気づいてくれなかった」という負のイメージを抱かれてしまうと、それを払拭するためには、整える手間以上に大変な時間と努力が必要になってくるからです。

以前、閉店間際に陳列のレイアウトを変更しようとしていた際、お客様が入店してきたことがあります。その日はちょうど、スタッフの誕生日会を企画していて「閉店前までに作業を終わらせて、早く居酒屋に行こう」と約束していたのです。しかし、そのときのスタッフは、誰に言われるともなく作業の手を緩め、お客様が回遊しやすいよう、作業中の備品を脇に寄せてお客様をお迎えしました。そのお客様は「今日、やっと仕事を早く終わらせて来ることができました。明日の母の誕生日で渡すプレゼントを選べてうれしいです。他のお店は、作業に忙しそうで、見るのが申しわけなくて」と会計をしながら、笑顔で話をしていたのが印象的でした。

閉店後の作業は夜遅くまでずれこんでしまい、飲み会はできませんでした。しかし、閉店後に作業をしながら「あのお客様がプレゼントを買えてよかった」と話したことは、スタッフの間でいい思い出になりました。

売り場の陳列をきれいに整えることは大切です。それと同時に、お客様がいかに見やすいような状況をつくれるかは、販売員の心がけ次第でしょう。**商品を手に取ってもらうためにメンテナンスをしている**ことを意識し、立ち位置や自分の身のこなしについて考えてみましょう。きっとお客様にとって快適な雰囲気をつくり出せるようになります。

メンテナンスに集中しすぎない

NG

（メンテナンス中）どかない・周りが見えない・挨拶しない

「早く、きれいにしないと」と思うと、無我夢中で作業してしまうもの。しかし、そんな姿は「そこ、見たいのに邪魔だわ」とお客様にストレスを与えてしまいます。

OK

（メンテナンス中）お客様に気づいたら、さりげなく距離を置く

メンテナンス中にお客様が近づいてきたら、作業の手を緩めます。そのまま、さりげなく作業をする場所を変えましょう。お客様もゆっくり見ることができ、滞在時間が長くなります。

33

堅すぎる敬語はお客様を遠ざける？

お客様にとって気持ちのいい接客をするためには、正しい敬語は欠かせません。接客中の会話、レジ、電話での応対など身につけておきたい敬語は案外多いものです。一方で、**過度の敬語は「よそよそしい」「仰々しく感じる」といった声もあります。**お客様に好かれ、ストレスなく接客を受けてもらうには、どのような言葉遣いが適切でしょうか？

マニュアル敬語だと相手を遠ざけることも

私が新入社員のときに配属されたのは、都内の百貨店でした。年齢層も様々で高校生〜八十代と、幅広いお客様が来店します。ある日、同年代の女性を接客しました。私の仲のいい友人と雰囲気が似ており趣味も合いそうな「友達だったら仲良くなれそう」といったタイプでした。しかし、ここは百貨店です。お客様には、失礼のないようにていねいに接客することが求められます。そのため「今日は、お仕事帰りでいらっしゃいますか」「ステキなお召しものでございますね」というマニュアルに載っているような敬語で接しました。

お客様はというと、一歩引いた様子で接客を受けていました。表情は硬く、こちらからの質問にも「はい」か「いいえ」のひと言です。お客様から壁をつくられているような印象を受けました。こちらもお客様の様子を見て、ますます態度が硬くなります。お互いぎくしゃくしながらの接客になってしまいました。会計をした後、お客様がそっと深いため息をついていました。まるで「ああ、やっと接客が終わった」といった様子です。私もまた、疲れがどっと出たような気分でした。

友人や先輩と会話をするときは、気さくで感じがよくても、接客になると急に身構えてしまう人がいます。この例でも「百貨店だから」「接客だから」と、お客様に壁をつくってしまったため、お客様との会話がぎこちないものになってしまいました。**お客様との壁をつくる一つの要因は「硬すぎる敬語」にある**ようです。冒頭の例でお客様も自分も気疲れしてしまった原因といえるでしょう。それとは別に、「タメ口」

で話しかけられるのも、なれなれしいと感じられ敬遠される傾向にあります。それでは、どのような話し方をすればいいのでしょうか?

きちんとした敬語を習得していることが基本としたうえで、客層に合わせて言葉を選びましょう。冒頭の例であれば「今日はお仕事帰りでいらっしゃいますか」は「お仕事の帰りですか」、「ステキなお召しものでございますね」は「ステキな服ですね」でいいでしょう。同年代ではなくても、商店街や気さくな客層が多い土地柄であれば、このような言葉を選ぶほうがいいこともありそうです。百貨店でも、お客様がフランクでさばさばした印象なら、やや崩した敬語のほうが喜ばれます。

敬語をうまく使い分ける

ショップで接客を受けていると、敬語を感じよく使い分けている販売員がいます。その人たちに共通するのは、**くずした敬語を使いながらも、随所にきちんとした敬語を使う**ことです。

私がしばしば訪れる、アパレルショップの販売員との会話です。

販売員「平山**さま**、こんにちは。今日、お仕事帰りですか」
私「そうです、ちょっと早く終わったんで寄りました」
販売員「なんか、荷物が多かったのでそうじゃないかな、と思って。**こちら**に置きますか」
私「あ、お願いします。そういえば、とり置いてもらってたものが、あったような」
販売員「**かしこまりました**。只今、ご用意します」

このように、カジュアルな言葉をしっかりした敬語を交えて話しています。この例なら「〇〇さま」「こちら」「かしこまりました」が該当するでしょう。名前には「さん」ではなく「さま」をつけ（お客様からのご要望があれば、あだ名や「さん」でも可）ます。受け答えには「わかりました」ではなく、「かしこまりました」と応対します。

また、物を表現するときに「これ」「やつ」がついつい口に出てしまうケースもあるので「こちら」「もの」と言うように注意しましょう。

他にも「ごめんなさい」ではなく「申しわけございません」、「お母さん」ではなく「母」、「(店のスタッフを指して)〇〇さん」ではなく「スタッフの〇〇」と、言葉を選びます。このようにすればカジュアルななかにも、折り目正しさがあることをアピールできます。

この例の販売員とは長い付き合いですが、いつも気持ちよく接客を受けられます。こちらも身構えなくていいこと、随所に正しい敬語を使うことで、自分を立ててくれていると分かるからです。

敬語の役割は「相手を尊重することで、相手との距離を縮めること」にあります。そのため、相手と壁をつくるような過度な敬語は逆効果になる場合もあります。一方で、カジュアルすぎる印象を与えないために、ポイントを押さえた正しい敬語をしっかりと身につけたいものです。

お客様と販売員である自分のどちらもが肩の力を抜いて、リラックスして接客を受けたり、接客したりできるようにするには、敬語の使い方を見直してみましょう。お客様に楽しく接客を受けてもらいたいという一生懸命な気持ちでいれば、誠意は伝わるものです。まずは、正しい言葉遣いを意識しすぎず、お客様との会話を心から楽しんでみることから始めましょう。

正しくても堅すぎる敬語に気をつけよう

NG

「会社のお帰りでいらっしゃいますか」
「ステキなお召しものでございますね」

正しい敬語を身につけておくことは大切。でも堅すぎる敬語は、時として相手と自分の間に壁をつくってしまいます。一方、「タメ口」もよほど親しい間柄でない限り、慣れ慣れしい印象を与えます。

OK

「会社帰りですか」
「ステキな服ですね」

お客様に合わせ、普段から聞き慣れているような敬語を使います。随所で正しい敬語を入れれば、気さくななかにも、折り目正しい印象を与えることができます。

34

閉店五分前はゴールデンタイム

店には接客の他にも、事務作業や商品整理など様々な仕事があります。特に閉店時間前にはレジ締めの準備・提出する書類の仕上げに追われ、何かと慌ただしいものです。一方でこのような閉店時間前にもお客様が来店され、接客のチャンスがあることを意識する必要があります。

閉店時間前の一時間は「ゴールデンタイム」

百貨店でレディスアパレルの販売に携わっていたときのことです。その百貨店では、一時間ごとに各テナントの売上をチェックすることができました。周りの店舗の売上を見ることができるので、「今日は、○○店より調子がいいな」「うちの店だけ売れてないよ」と、売上の基準にすることができます。その日も閉店一時間前に売上をチェックしましたが、どの店も売上が散々な様子です。「うちだけじゃなかった」とすっかり安心しきっていました。

どの店も、この雨ならこの先も売上は伸びないだろうと思い、閉店までの時間、事務作業などを進めます。その間にもお客様は何名か来店しましたが「今日はどうせ売れないだろう」とあきらめていました。商品をじっと見ているお客様がいたら、とりあえず声をかけるという調子だったのです。

閉店直後の各テナント売上をチェックすると、驚くような結果が待っていました。なんと各店とも、大きく売上を伸ばしています。「え？　何が起こったんだろう」と、驚くしかありませんでした。

「閉店後は、少しでも早く帰りたい」「どうせ、この時間にお客様は来ないだろう」と思うと、レジでの仕事に没頭し、接客がなおざりになってしまうでしょう。

一方で、**閉店時間前のお客様は購買意欲が高い傾向**があります。閉店時間ぎりぎりまで店を回るということは「購入の目的がある」「すぐに必要」「何とかお気に入りを見つけたい」というケースが多いからです。そのことを理解している販売員は閉店時間ぎりぎりのところで、売上を挽回できます。

先ほどの例では、閉店の一時間前から「すでに売上をあきらめた人」「これからだととらえ、売上を伸ばした人」の明暗が分かれました。前者の販売員が、何となくスルーしたお客様が、後者の販売員から接客を受ければ、自ずとそのような結果になります。**「もうすぐ閉店するし」とあきらめるのではなく、「まだ挽回できる」というスタンスでのぞむことが求められているのです。**

しかしながら、営業時間中に済まさなければならない作業もあるでしょう。閑散とした売り場で待機の姿勢をとり続けることが、意味をなさないときもあります。そのような場合は、作業と接客のバランスを考えながら売り場に立ちましょう。

基本的なことですが、二人で店頭に立つ場合は一人ずつ接客と作業を分担します。二人で仕事の打合せをしたり、作業に没頭したりすることがないようにしましょう。お客様にとっては、店内で人が固まっている状態は好ましくありません。相手が話しこんでいるところを見ると、店をその人たちのテリトリーと感じます。接客されなくて気が楽と思う半面、人の家に勝手に入り込んでいるような居心地の悪さもあるのです。そのため店をさっと見て、出ていきます。

店頭に一人で立つときは入店したお客様だけではなく、通路のお客様にも注意を払いましょう。お客様の入店と同時に作業をやめることや、レジから出ることは「売り込みにくるのかな」と警戒されます。事務作業をしながら、遠くから歩いてくるお客様にも視線を向けましょう。**お客様が自分のことを認識しないうちから売り場に出ることで、お客様の警戒感を和らげることができます**。また、ファーストアプローチがしやすいよう、位置も移動しやすいでしょう。

閉店の五分前の接客だけで予算の五〇％の売上

百貨店から異動し店長になった店舗で、閉店一時間前までレジが開かなかった（売上がゼロだった）ことがあります。一人で事務作業をしながら「どうしよう」と焦りながらも「最後までチャンスを捨てられない」とも思っていました。

すると閉店の五分ほど前の時間に一人のお客様が通路を歩いてきたので、レジから出て待機の姿勢をとったのです。お客様は店内の様子を伺ってから、遠慮がちに入店しました。

その後、接客につながり多数の商品を購入してもらえました。さすがに予算達成とはいきませんでしたが、そのお客様だけでその日の予算の五〇％もの売上があったのです。売上〇％と五〇％では雲泥の差です。私もほっと胸をなでおろしました。

帰りのエスカレーターまでお見送りするときに、お客様が「今日は、本当に久しぶりにお買い物したの。お店が空いている時間に仕事を終えることってあんまりないから。でも、閉店前のお店って忙しそうで入りにくいでしょう。どこに入ろうかなって迷っていたら、ちょうどこのお店が入りやすかったのよね」と、話してくれたのを覚えています。そして「今日はどうしても買い物したかったの。仕事が終わった後とか、買い物でストレス発散するのが楽しいんだよね」とニコニコと話していました。それを聞いた私は「この時間が楽しみで、仕事を必死で終わらせる人だっている。その人たちのためにも、閉店前の接客を大切にしないと」と反省しました。

閉店前や棚卸、開店直後の慌ただしい時間は、ついつい作業を優先しがちです。しかし、お客様にとってはいつの時間も楽しい買い物の時間です。また、店にとっては売上を伸ばすためのチャンスでもあります。このような時間を見直し、作業とのバランスを考えながら売り場に立っていきましょう。

閉店前も待機の姿勢を意識する

NG

（閉店前など）作業中でお客様を無視する

「暇だし、早く帰りたい」と思う閉店前、作業に没頭していませんか？　閉店前に来店のお客様は購入率が高い傾向もあり、無視できない存在です。

OK

（閉店前など）お客様の様子を見て、待機の姿勢をとる

作業をしながらも、入店しやすい環境をつくります。通路から歩いてくるお客様が気づく前に、売り場に出て自然な待機の姿勢をとりましょう。いつでも接客ができるようにしておきます。

販売の仕事はクリエイティブなもの――おわりに

販売員は繊細で優しい人が多いように思います。

繊細であるからこそ、売上と人間関係のはざまで苦しむのです。時には、接客をするのはもう嫌だと思うこともあるでしょう。

でも、決して忘れないでいてほしいことがあります。

みなさんが気づかないところで、「あの人の接客を受けて、あの人から買えて、本当にうれしかった。ありがとう」と喜んでくださっているお客様がいることです。

販売の仕事は、お客様の喜びをつくるクリエイティブな仕事なのです。

この本が、みなさんにどこかで感謝しているお客様を、一人でも多く増やすきっかけになれば、私もうれしく思います。

本書を最後までお読みいただき、誠にありがとうございました。

平山枝美（ひらやま　えみ）
接客アドバイザー。大学卒業後、アパレル企業に入社。入社当初は売り場でまったく声をかけられずに棒立ちしていたものの、売れる販売員は接客の「ひと言」を効果的に使っていることに気づく。以来、接客のひと言に磨きをかけ、社内全販売員200人の売上トップに。その後、店長として新規店を担当し予算比180～200％達成。その実績が認められ、入社最速でエリア・マネジャーに抜擢される。担当店舗のマネジメントと店長の育成を担当しながら、不採算店舗を次々と立て直し、売上年間10位だった既存店を1位に押し上げるなどの実績を残した。その手腕を活かし、全国の店長育成を担当。大手アパレルに移籍し、店長の育成に携わった後、独立。
現在は、無印良品（良品計画）、大型商業施設、インテリア小売店など、アパレルに留まらず小売業全般の接客アドバイスを手がける。現場の販売員の悩みを熟知したアドバイス・研修は、「言われたとおりに接客したら売上アップした」などと好評で、満足度アンケートで最高評価98％と人気を誇る。雑誌『ファッション販売』などにも寄稿している。

売《う》れる販売員《はんばいいん》が絶対《ぜったい》言《い》わない接客《せっきゃく》の言葉《ことば》

2015年２月20日　初版発行
2017年５月10日　第８刷発行

著　者　平山枝美
発行者　吉田啓二

発行所　株式会社日本実業出版社　東京都新宿区市谷本村町３－29　〒162-0845
大阪市北区西天満６－８－１　〒530-0047
編集部　☎03-3268-5651
営業部　☎03-3268-5161　振　替　00170-1-25349
http://www.njg.co.jp/

印刷／理想社　製本／共栄社

この本の内容についてのお問合せは、書面かFAX（03-3268-0832）にてお願い致します。
落丁・乱丁本は、送料小社負担にて、お取り替え致します。

ISBN 978-4-534-05259-9　Printed in JAPAN